图说精益管理系列

—

精益班组管理
实战手册

（图解升级版）

杨 华 —— 主编

化学工业出版社

·北 京·

内容简介

《精益班组管理实战手册（图解升级版）》一书由导读（怎样才算是精益班组）和精益班组长的炼成、精益班组团队管理、精益班组的质量管理、精益班组的安全管理、精益班组的设备管理、精益班组的交货期管理、精益班组的成本控制、精益班组的绩效管理等内容组成。

本书内容深入浅出，文字浅显易懂，注重实操性，具有较强的借鉴意义。作者将深奥的理论用平实的语言叙述，让初次接触精益班组管理的人员能一目了然。同时，本书利用图解的方式，能使读者阅读更轻松透彻、应用更方便。另外，本书特别突出了企业在管理实践过程中的实际操作要领，读者可以结合自身情况分析和学习，并直接应用于实际工作当中。

图书在版编目（CIP）数据

精益班组管理实战手册：图解升级版/杨华主编

. 一北京：化学工业出版社，2024.1

（图说精益管理系列）

ISBN 978-7-122-44403-5

Ⅰ.① 精…　Ⅱ.① 杨…　Ⅲ.① 班组管理-手册　Ⅳ.
① F406.6-62

中国国家版本馆CIP数据核字（2023）第214598号

责任编辑：陈　蕾　夏明慧　　　　　装帧设计：溢思视觉设计／程超
责任校对：李　爽　　　　　　　　　　E-mail: isstudio@126.com

出版发行：化学工业出版社（北京市东城区青年湖南街13号　邮政编码100011）
印　　装：三河市延风印装有限公司
787mm×1092mm　1/16　印张14$\frac{1}{2}$　字数278千字
2024年3月北京第1版第1次印刷

购书咨询：010-64518888　　　　　　售后服务：010-64518899
网　　址：http://www.cip.com.cn
凡购买本书，如有缺损质量问题，本社销售中心负责调换。

定　价：69.80元

前言

制造业是立国之本、兴国之器、强国之基。打造高水准的制造业体系，是提升国家综合国力与核心竞争力、保障国家安全和促进可持续发展的必由之路。中国制造不仅实现了数量扩张，而且在质量上也有了显著提升。然而近年来，市场和竞争格局的变化，对中国制造提出了严峻的挑战，迫使中国制造的竞争重心向中高端产品和中高端市场转移。

那么中国制造应该如何制胜中高端产品和中高端市场呢？关键在于可靠的品质以及合理的成本。为了实现这两点，中国制造需要从硬件和软件两方面入手。

首先，在硬件上提升装备水平，即通过大幅投资生产设备来提高产品质量和生产效率。其次，在软件上提高生产管理水平，普及卓越绩效、六西格玛、精益管理、质量诊断、质量持续改进等先进生产管理模式和方法，即通过完善内部管理手段和提高管理能力来实现产品质量及生产效率的提升。

其中的精益管理要求企业的各项活动都必须运用"精益思维"（lean thinking）。"精益思维"的核心就是以最小资源投入，包括人力、设备、资金、材料、时间和空间，创造出尽可能多的价值，为顾客提供新产品和及时的服务。其最终目标必然是企业利润的最大化，但管理中的具体目标，则是通过消灭生产中的一切浪费来实现成本的最低化。

很多的企业在追求精益管理，但是效果不佳。基于中国企业精益管理的现状，为适应智能制造和管理升级的需要，我们组织相关制造业咨询专家，结合制造业实际情况，编写了本书。

本书的特点是内容深入浅出，文字浅显易懂，注重实操性，具有很强的借鉴意义。笔者将深奥的理论用平实的语言讲出来，让初次接触精益管理的企业管理人员也能看得懂。同时，本书利用图解的方式，能使读者阅读更轻松、理解更透彻、应用更方便。另外，本书特别突出了企业在管理实践过程中的实际操作要领，读者可以结合自身情况进行分析和学习，并直接应用于工作中，具有很高的参考价值。

《精益班组管理实战手册（图解升级版）》一书包括导读（怎样才算是精益班组）、精益班组长的炼成、精益班组团队管理、精益班组的质量管理、精益班组的安全管理、精益班组的设备管理、精益班组的交货期管理、精益班组的成本控制、精益班组的绩效管理等内容。

由于笔者水平有限，加之时间仓促，书中难免出现疏漏，敬请读者批评指正。

编者

目 录

怎样才算是精益班组

情景导入

　　小李是一家电子厂的班长,现在正作为该厂的代表,参加由市总工会举办的"××市优秀班组长培训班"的培训。

　　"大家好,我是杨华,是这次负责给大家培训的老师。在今后的三天里,将由我和大家共同探讨学习。如果不介意,就请叫我'杨老师'吧!在座的各位都是来自一线的班组长,相信都是公司的佼佼者!所以,今天很荣幸能与各位共同分享知识和交流经验。"杨老师做了简单的开场白。"好了,现在轮到各位做自我介绍了!请大家放松,相信通过这三天的学习,我们彼此都会成为好朋友,所以不必拘谨。"杨老师说道。

　　"好的,请第二排穿白衬衣的男士做一下自我介绍,大家欢迎!"有一位学员举了手,杨老师便叫他做自我介绍。

　　"大家好!很高兴认识各位,我叫张××,来自××公司,我们公司是一家摩托车配件厂。以后大家就叫我'小张'吧!希望在这三天的学习中,我们都能成为好朋友!"学员小张开了一个很好的头。

　　"我叫王××,很高兴认识大家,我所在的公司是一家安防电子公司。以后大家就叫我'小王'吧!"学员小王的自我介绍言简意赅。

　　……

大家纷纷做完了自我介绍。

"听完大家的自我介绍，我觉得都说得很好，不愧都是各家公司最好的班组长！现在，我们开始进入正题。今天，我们的第一堂课，就是请大家讨论'什么样的班组才算是精益班组'。"杨老师说道。

"我认为精益班组，首先要有一个可以带领大家进行精益班组建设的班组长，并且在生产各环节实行精益管理。""我认为精益班组，一定要……"大家都纷纷发表自己的看法。

"好！现在请各位用一句话概括，将你们所认为的精益班组所需要的条件写在纸上。我会进行一个小小的统计！现在，请写好之后交给我，然后休息十分钟，咱们继续讨论。"

……

"好的，我刚才已经将大家的看法做了一个小小的汇总并进行了分类。对精益班组的要求，主要包括以下八个方面，即：班组长、员工队伍、产品质量、生产安全、设备管理、交货期、班组成本控制、绩效管理。我将在接下来的课程中，一一同大家共同学习讨论。"

备注：人物简介

（1）杨老师：杨老师是××咨询公司的首席顾问，多家培训机构的签约培训师，服务过多家大型企业。杨老师授课诙谐幽默、针对性强，能把管理当故事讲。通过理论与实际的整合，形成了一套可行的、实战的精益班组现场管理运作模式，受到各地企业界和政府部门的热烈响应，并得到一致好评。

（2）小李：小李是某家电子工厂的一名班长，这次作为该厂的优秀班组长来参加此次优秀班组长培训。

（3）其他班组长：在本书情景导入中的小李、小张、小杨、小王等均为参加本次培训的班组长。

第一章
精益班组长的炼成

情景导入

经过 15 分钟的休息，大家都回到了培训教室。杨老师示意继续上课。

杨老师："在上节课中，大家对于'什么样的班组才算是精益班组'发表了看法。在本节课中，我们先一起了解打造精益班组的第一个条件——精益班组长的炼成。"

杨老师："首先，请各位想想，你是否对于班组长本职工作有足够的认识，如果认为'是'的，请举手！"

下面一片窃窃私语……小刘也纳闷"我是该举手还是不举手呢？主管经常夸奖我说本职工作做得很好，应该说还不错吧！"

杨老师："好了，请举手吧！没关系，我只是粗略统计一下！"

小刘左右环顾一圈，大约有 60% 的人都举手了，自己便也举了手。

杨老师："很好，在座的各位不愧都是各家公司的优秀班组长，相当地自信！"

杨老师："第三排靠边的那位朋友，请你谈谈你对本职工作的认识，好吗？我见你刚才举手时好像有所顾忌。"

小刘愣了一下，心想：难道是在叫我吗？怎么所有人都盯着我？

小李："快站起来呀，就是你！"

小刘："不好意思，不好意思！"

杨老师："没事儿，你可以和大家说说你对于本职工作的看法吗？"

小刘："其实我是很犹豫，因为我每天都做着差不多相同的工作，所有领导都夸我做得很好，然后就……"

杨老师："我想在座的各位，是不是都有着这样的疑惑呢？因为大家都是各家公司最优秀的班组长，所以大多数情况下听到的都是肯定和赞扬。当然也就认为自己很了解自己的工作了！"

杨老师："其实，我也相信各位的工作都很出色，否则也不会来参加我们的培训了。不过，优秀并不是代表最好，我们的目标是做到最好。要想成为最好的班组长，首先要做好本职工作。因此，本节课我将从班组长的角色、日常工作、任职要求与工作中的细节四个方面来讲解。"

第一节　班组长的角色

一、班组长是生产现场的负责人

生产现场的监督者，也就是班组长，对生产现场的状态和生产活动的结果负有全部责任。作为班组长上司的生产主管和厂长负有对班组长的管理任务，但是现场的直接责任人由班组长担任。如果不这样做，现场的状态就不可能朝良好的方向发展。班组长所负的主要责任如下。

（一）监督、管理的责任范围

（1）制订生产计划。制订该月的生产计划、当日的生产计划。

（2）做好使用材料、零部件的准备工作。做好在生产上使用的材料、零部件的准备和督促不足部品的进货。

（3）使用的机械、装置、专用工具和一般性工具的准备。做好在生产上使用的设备和工具的准备工作，同时谋求设备精度、性能的持续提升。

（4）恰当地配置作业者。在考虑适合性的基础上，把所属的作业者配置到流水线和各工位上。

（5）作业的标准化。准备 QC（quality control，质量控制）工程表和作业标准书，指导员工进行标准化作业。

（6）生产进度的把握和交货期的管理。根据投入的原材料和准备的设备来推进生产，进行生产进度的管理，在来不及生产时，设法拿出挽救的方案。

（7）作业环境的维持、改善。

（8）看到作业现场有漏雨、玻璃破碎之类的现象时及时进行修理。

（9）排除有毒气体、粉尘等，维持良好的环境。

（10）设法减少震动、冲击。

（11）防止噪声。

（12）防止大气污染、水质污浊之类的公害发生。

（13）对品质、交货期、成本、设备、安全生产等问题采取相应对策。发生不良品、不能及时交货、成本高、设备故障以及劳动灾害等情况时，应设法排除阻碍生产的故障，调查原因，采取防止再次发生的对策。

（14）生产业绩的评价和提高。

（15）作业改善的指导。设定作业改善的题目，并对改善题目进行指导。

（16）维持人际关系良好运行。维持好工作现场规则，自然就会提高工作现场作业者的干劲。

（17）安全生产的维持和提高。取得使用危险物的资格，强化安全生产的指导，防止劳动灾害的发生。

（18）作业者的教育训练和培养。给作业者有关作业的题目，并进行教育和训练，达到培养人才的目的，或根据需要培训作业者的多技能化。

（19）维持和提高工作现场良好的氛围。为使现场作业者在心情良好的状态下进行工作，管理人员应创造成熟的良好氛围，为此应对做得好的员工进行勉励，对做得不好的员工发出警告。

（二）向其他部门或经营者呈报意见

即使是班组长责任以外的事项，如对其他部门、上司或经营者，在以下事项范围内班组长也负有呈报意见的责任。

（1）工作现场的组织以及生产系统的整体改善。

（2）新产品的开发。

（3）开拓新顾客。

（4）做成工厂内使用的规格。

（5）QC工程表、作业标准书的更改。

（6）为提高产量而进行的设计变更或规格书的更改。

（7）为提高生产效率而导入新设备或旧设备的修理、改造。

（8）为提高产量而进行的材料、部品规格的更改。

（9）对有能力的人加薪、晋级。

（10）从外部搜寻有能力的人才。

（11）努力开发优良的工作合作，根据外发订单，活用他厂的专门技术和节约本公司的人力资源。

二、班组长是现场的指挥塔

（一）什么是指挥塔

（1）就军舰来说是指挥塔，就商船来说是船桥（bridge）。军舰的指挥塔发出战斗指令，而商船的船桥发出航海线路和靠岸指令。

（2）就机场来说是管制塔。管制塔根据机场的具体情况发出飞机起飞或着陆的指令。

（二）工作现场的指挥塔

（1）企业的指挥塔是决策层，发出方针和基本计划的指示。

（2）一旦开始日常生产活动，生产现场的监督者——班组长就成了指挥塔，其工作项目和内容如图1-1所示。

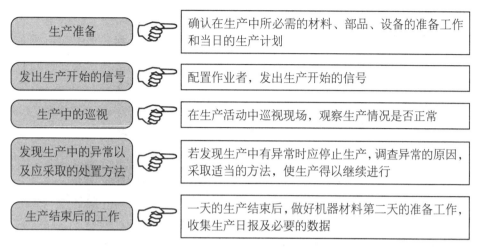

图1-1　班组长的工作项目和内容

三、班组长是中间管理者

（一）中间管理者的位置

班组长在组织中处于上司和下属的中间，就像三明治，处在夹层、为难的位置上。组织的经营是通过中间管理者来完成工作的。作为中间管理者的班组长应充分认识自己的位置，根据上司所期待的业务展开企业活动，从而创造利益。

（二）在企业内部班组长和上司之间的关系

（1）上司给班组长业务上的方针，而班组长发出执行的命令。上司发出指示，而班组长使指示具体化后，再对作业者发出指令。

（2）班组长向上司报告。对上司指示的事情，班组长有义务将结果向上司报告。

（3）上司对监督者业绩进行评价。上司通过对班组长负责的部门，进行生产活动时所产生的结果的调查以评价班组长的业绩。

（4）班组长发现上司在工作中有不完善的地方时，要做到拾遗补阙。

（三）在工作现场的班组长和作业者之间的关系

1.班组长是通过作业者来开展工作的

不管是加工作业、设备运转还是检查作业等都是由作业者进行的，班组长不直接进行作业，这就形成班组长通过作业者进行工作的关系。在这种情况下，班组长是作业者的指挥者，指导作业者正确进行作业。

2.班组长离作业者最近

在生产现场的班组长离作业者最近，应每天观察作业者进行的工作并进行作业指导，并由作业者向班组长报告工作状况和陈述意见等，使得班组长和作业者成为一个整体。

3.班组长的指导能力左右着生产现场的业绩

班组长在看作业者的同时，作业者也在看班组长。并且，作业者跟随自己所依赖的班组长行动，据此班组长的正确指导和对作业者积极性的调动将使工作现场的业绩得以提升。

（四）中间管理者在组织上的行动方法

1.企业决策者下达的方针是抽象的

由于决策者下达的基本方针和年度方针通常是抽象的，因此班组长若将其语言原样传达，第一线的作业者可能无法按其方针行动。例如：决策者发出了"做好整理、整顿工作"的治理工厂方针。"做好整理、整顿工作"这一方针是个抽象的概念，并无具体的要求，如果决策者原话传达给主管，主管又原话传达给班组长，班组长再原话传达给作业者，那么作业者还是不清楚在什么时候、什么地点、用什么方法、应该由谁发起什么样的行动。

2.主管的计划、指示是不具体的

主管从企业的决策者处接受基本方针，把该方针作为部门方针、部门计划时就有必要进行具体化工作。

例如：

部门方针和计划。

① 有关整理、整顿的工作，在每个工作现场都要求组织化。

② 工作现场的机器和材料的整理、整顿与文件的整理、整顿分开进行。

③ 寻求整理、整顿的方法的标准化。

④ 确定新的有关整理、整顿的评价方法。

3.班组长发出可实行的具体性的指示

（1）做成（整理、整顿的入门）教材，对员工进行教育。

（2）从整理、整顿工作现场的立场上看，在现场分出几个区域，每个区域任命一个负责人，并制作各区域所属员工一览表。

（3）有关整理：每日工作结束后，清除工作现场的多余物品，其他地方每月月末清除多余物品。在清除多余物品时，把可燃烧的多余物品、可回收的多余物品、由废品回收公司取走（付款）的多余物品分开处理。这时由各区域的负责人指示各成员做具体的工作。

（4）有关整顿：把整理后剩下的有用的东西排列整齐。这时应留意的事项有以下几点，由各区域的负责人发出指令。

① 物品要以直角的形式并列放置。

② 放置物品的场所要有标示板。

③ 在指定的场所放置物品。

（五）中间管理者"被上下的板子夹住"时开展工作的方法

1.中间管理者"被上下的板子夹住"的时候

（1）中间管理者因以下原因（理由）不可以无原则地跟随着上司行动

① 对上司所说的事情不理解（理由不清楚）。

② 对上司所说的事情做不到（推掉明知道做不到的事情）。

③ 接受不了的指示（不理解的指示）。

④ 对不理解的事情，认为是上司的指示就原样传达给作业者是一种不负责任的态度。

（2）来自工作现场的作业者的生产状况呈报的意见

① 按监督者的指示去做，安全上不达标。

② 用指示的作业方法不能维持正常的品质。

③ 用指示的作业方法不能确保及时交货。

④ 材料、设备和工具有故障，不能作业。

⑤ 做不到的事要强行进行时，不知如何去做。

2."成为夹心饼"时的处理方法

"成为夹心饼"时的处理方法如图1-2所示。

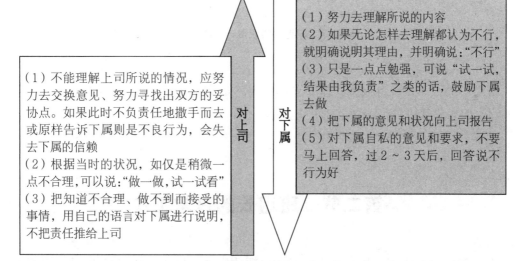

图1-2　"成为夹心饼"时的处理方法

四、班组长是生产任务的达成者

班组长的职责是围绕顾客满意和公司效益两大方面来进行的，包括 QCDSF 五大方面如图 1-3 所示。

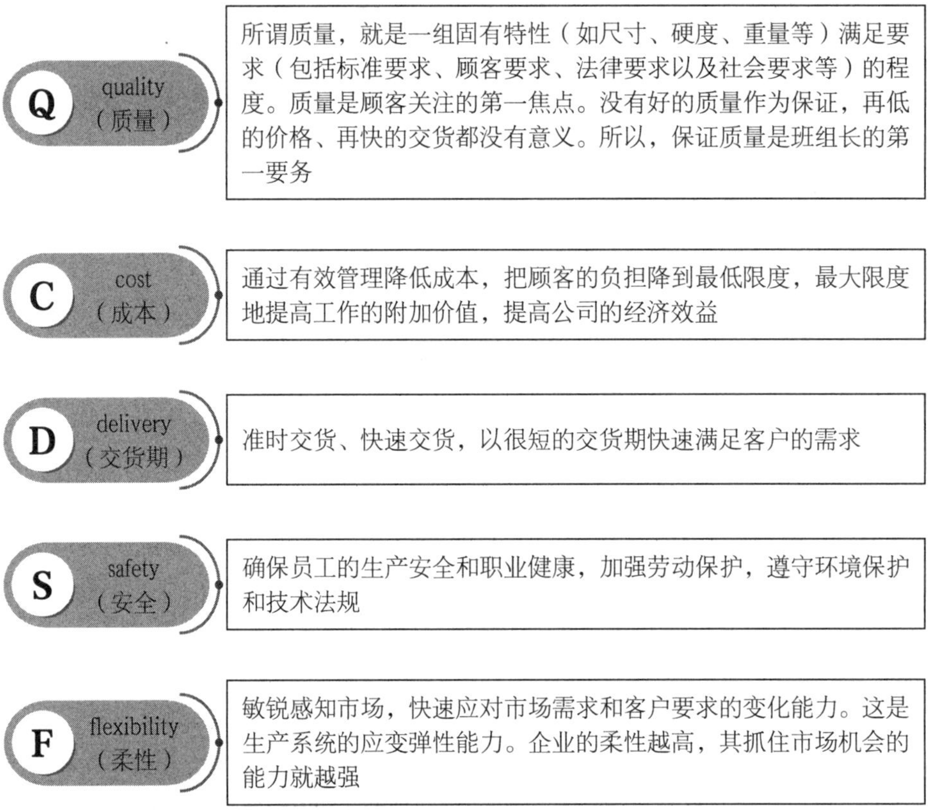

Q quality（质量）　所谓质量，就是一组固有特性（如尺寸、硬度、重量等）满足要求（包括标准要求、顾客要求、法律要求以及社会要求等）的程度。质量是顾客关注的第一焦点。没有好的质量作为保证，再低的价格、再快的交货都没有意义。所以，保证质量是班组长的第一要务

C cost（成本）　通过有效管理降低成本，把顾客的负担降到最低限度，最大限度地提高工作的附加价值，提高公司的经济效益

D delivery（交货期）　准时交货、快速交货，以很短的交货期快速满足客户的需求

S safety（安全）　确保员工的生产安全和职业健康，加强劳动保护，遵守环境保护和技术法规

F flexibility（柔性）　敏锐感知市场，快速应对市场需求和客户要求的变化能力。这是生产系统的应变弹性能力。企业的柔性越高，其抓住市场机会的能力就越强

图 1-3　班组长的职责——QCDSF

班组长的工作目标有很多具体的表现形式，如及时交货、减少浪费等，虽然表现形式不同，但它们都可以归纳到上述五大方面。

第二节　班组长的日常工作

作为基层主管的班组长，其日常工作事项非常"具体化"和"细节化"。班组长需要知道自己每天、每周、每月的常规工作事项。

一、每日工作

（一）班前要做的事项

班前要做的事项如表 1-1 所示。

表 1-1 班前要做的事项

序号	事项	详细说明
1	提前 20 分钟（或更早）进入工厂	充分的准备会减轻工作压力，从而有序地开展一天的工作和提升每天的工作质量，这一点是每一位班组长都必须做到的
2	检查班组区域的环境卫生	良好的工作环境能带给人们愉悦的心情，从而提振员工士气。所以，班组长必须强烈要求大家做好每一天的值日，因而追踪环境卫生状况也就成了班组长日常工作的一部分
3	确认当天的制前准备工作是否完善	在前一天下班前此项工作就已经得到确认，之所以要这样再三地确认，是因为在生产线上，班组的制前准备工作太重要了。制前准备工作准备得不充分，会严重影响生产的进度。制前准备工作内容很多，包括要生产的产品所需要的一切生产资料，如设备、原材料、辅助材料和文书资料等，还包括对所要生产的产品的认识，比如产品的重点、难点和工序、流程的安排等。总而言之，班组生产效率和制前准备工作是息息相关的，没有好的制前准备工作，就算有再强生产力的生产线也不会有好的生产效率。所以制前一定要对所要生产的产品加以了解，并准备好所需要的一切生产资料，这项工作不能有丝毫的懈怠
4	当天的目标和生产计划的再度确认	每一天的目标是班组长在做月生产计划的时候根据产品的生产周期时间计算出来的，订下的目标不能随便更改，所以在生产过程中，每天都要根据投入工时等不同的因素来随时更新自己的生产计划，确保按时按质地达成目标。所以，复查审核每一天的生产计划非常重要

（二）班后即刻要做的事项

每天上班后第一件要做的事情就是安排适当的时间召开早会。早会的内容如下。

（1）确认有无员工缺勤。

（2）根据实到员工以及员工士气，即时、快速地确认前一天所做的生产计划的准确度，并向所有员工通报当天的生产目标和新的生产计划。

（3）通报前一天生产状况。

（4）传达上级指令。

早会的时间不能过长，但不能不开，早会在班组长的工作中起到一个承上启下的作用，在会上班组长可立即了解到当天所有员工的出勤状况和员工士气，确认前一天所做的生产计划和安排的准确性，是否需要更改等问题，对当天的生产有很大益处。开会时一切都要简明扼要，抓重点、讲重点。

（三）班中要做的事项

班中要做的事项如图1-4所示。

| 事项一 | 追踪查看是否所有员工都按标准作业 |

在生产制造中，95％以上的工伤都是未按标准作业流程操作而导致的。规范的操作不仅是生产顺畅和产品质量的保证，也是员工生命安全的保证。所以，对于这项工作应在上班过程中随时进行检查

| 事项二 | 随时查看工序安排是否平衡 |

每道工序工时平衡才能使整个生产流程顺畅，如果工序不平衡，则会导致流水线出现滞流状况，出现这一状况，则必须立即查找原因并对其工序进行调整。之所以称作流水线，就是要求生产流程像水一样不停地、均匀地流动运作。一道工序的呆滞就会影响到整条生产线的运作，当天的产能就会受到影响

| 事项三 | 随时追踪不良品并立即查处 |

质量是一个企业生存的根本，这几乎已成为所有企业的文化。所以品质是生产线生存的根本。在生产过程中很难做到一次合格率100％，但要做到把不良品控制在最小范围内。任何一件产品只要经过返工处理，其完美度都不如一次合格的产品。同时不良品率也是决定班组是否达到目标计划的一个重要因素，所以，当发现有不良品时要立即找出其原因并改善

| 事项四 | 随时准备后面所需的生产资料 |

随着生产线不断运行，班组所准备的原材料、辅助材料将逐渐减少，所以在生产的同时也要随时为下一时段的生产做好准备，这样生产线才能保证持续不断地工作。正常情况下至少需要准备两小时生产量的材料

图1-4　班中要做的事项

（四）下班前要做的事项

下班前要做的事项如表1-2所示。

表1-2　下班前要做的事项

序号	事项	详细说明
1	检查所辖区域内的卫生及安全事项	每天下班前必须要对当天值日生的工作进行检查，环境是否干净整洁，电源是否切断等都要检查。这是作为一个班组长必备的条件，对所辖范围内的相关工作要及时地跟踪检查，争取在最早时间内发现问题，这样才会把损失降到最小

序号	事项	详细说明
2	检查当日生产的达标状况	当日生产的达标状况在下班前一定要准确地掌控。虽然在上班时已在随时地追踪整个达标状况，但在上班时掌控的结果大多只是一个大概，不会很精确。再次确认才会准确掌控达标状况，精确计算离目标计划的距离，同时在第二天的早会上才能将精确的数据传达给每位员工，让员工随时掌控进度和离目标的距离，这样才有益于在交货期内完成生产任务
3	检查次日生产的产前准备工作是否完善	在上班时就做第二天的产前准备，在下班前一定要再次确认
4	回顾当日所做的一切工作安排与决策是否正确	在生产现场，有不少决策都是临时决定的，班组长没有足够的时间去反复斟酌，有时会因自身的体能和经验做出不是最佳的甚至错误的决策。所以很有必要回顾当日所做的一切工作安排与决策是否正确妥当，发现不妥善的地方，在第二天的早会上要向当事人或相关员工阐明原因并争取双方达成共识与理解（很有必要在发现的时候就向相关员工说明）。如果牵涉其他单位或班组的人，要想办法在最早时间或是"最佳时间"向其阐明，这样才会团结员工，从而提升员工的凝聚力和自身的影响力与管理能力

每天的工作时间是有限的，班组长如果没有做好各项工作的安排与落实，就会让自己感到十分忙乱。这里有一个案例，看看你是否与案例中的小张一样，每天忙忙碌碌却没有成效。如果没有，那就恭喜你，你将自己的工作安排得很好。如果有，那你就需要好好反思，应该怎样合理地规划自己一天的工作。

 精益案例

小张是某工厂模具车间的班组长，为人勤奋、关心下属、服从管理者、事事都亲自过问，但是每当下班时他却感觉自己一天无所作为：没有时间与家人相处，没有时间与朋友聚会，没有时间读书，业余时间当然也没有了。总之，每天都忙得不可开交却感觉没有收获。小张一天的工作记录如下表所示。

小张一天的工作记录

序号	时间	具体事项
1	8：10	做好生产现场各项准备工作：文件准备、技术准备、物资准备、组织准备和生产秩序环境准备
2	8：30	组织召开班前早会，阅读作业指导书，开展生产预知活动，安排和分配生产任务

续表

序号	时间	具体事项
3	8：55	对生产设备进行点检
4	10：20	检查生产现场整理、整顿工作，并巡查生产现场
5	11：00	了解人员及工位情况
6	12：00	匆匆吃过午饭，看了会儿报纸，与同事聊天，突然想起车间主任交代的关于班组安全月活动方案还没有完成，明天就要上交
7	14：00	与车间主任讨论招聘多能工事宜，确定具体职位要求
8	16：00	刚准备写班组安全月活动方案，有员工反映设备出现问题，无法正常运转，影响工作进度，于是找到设备部维修人员，并陪同其对设备进行检查维修
9	17：00	填写工作日记，做好生产日报
10	17：30	到了下班时间，没有时间完成报告，将没有写完的报告和需要处理的文件带回家中，预计要加班到晚上12：00

案例分析：

其实，仔细研究小张一天的工作记录可以发现，如果合理安排每项工作，他不至于忙到需要晚上回家加班。以下事项，是小张可以不用亲自处理，或者说是可以延时处理或快速处理的。

（1）生产设备的日常点检工作，完全可以由作业员工负责，班组长只需要做好检查工作即可。

（2）与车间主任讨论"招聘多能工事宜，确定具体职位要求"，工作可以由车间主任与人力资源部共同拟订职位基本要求后，由班组长提出具体修改意见。

案例点评：

仅仅以上两项所耗费的时间就足足3个小时，如果进行了合理安排，那还需要晚上回家加班吗？

因此，作为班组长，一定要做好每天的时间安排，把握工作的重点，更加有效地利用每一分钟。

每个企业的班组长每天的工作程序通常是有严格规定的，班组长必须对该程序熟记于心，以达到灵活运用的境界。这里提供两份某工厂班组长的每日基本工作流程，仅供读者参考。

【精益范本1】▶▶

班组长一日工作流程（以白班为例）

时间段	序号	工作事项
上班～10：00	1	提前10分钟到车间：作为管理人员，每天必须提前10分钟上班，为马上要进行的早会留足充分的准备时间。有些需要提前预热的机器设备，也可以提早打开，为一上班就能进入正常生产做准备
	2	开晨会：集合班组内所有人员，点名，互相问候。在总结前一天工作的基础上安排当天的工作，说明工作的基本要求和注意事项
	3	机械设备和工具状况的检查、结果确认：为了尽早发现机械设备和工具的不合格之处，可用"作业动作状态检查表"来确认有无问题点。若有问题，可根据其程序联系设备修理人员，并报告给管理者等
	4	测定机器等精度确认：检查员工对本工序测定机器的精度确认，例如对员工用转矩分析器检查之后是否在检查表上进行记录，要予以确认
	5	进行现场巡视，巡视的内容如下 （1）作业的观察：一是检查员工是否按照标准作业规程进行作业；二是通过作业观察找出更好的作业方法。新的作业设定之后要多加巡查，对新来员工更要多观察，若有错误，对其进行个别指导 （2）安全作业状态的检查：检查员工是否按规定佩戴劳保用品，检查现场的工作环境状态（5S、照明、温度、通风、台面等） （3）品质检查状态的确认：员工是否按品质检查方法对本工序的产品进行检查，在接到上一工序的产品时是否进行过品质确认 （4）零部件、材料的存量检查确认
10：00～12：00	6	向管理者报告生产状况：向管理者正确地传达生产状况，提出自己的看法、意见，请求必要的指示，管理者不在时报告给代替人
	7	后勤事务的处理
	8	把握某段时间的生产实绩：随机抽取1小时，将生产实绩记入生产日报表
	9	出席联络会：为了进行各种信息交换，对于调整事项（如人员、材料、方法、工艺等）交流各自的看法
	10	对于指示事项的实施情况进行检查 （1）对于临时作业：工程试验、生产试验、设计变更的作业容易出现异常，这时组长和技术员应参与首件产品的确认 （2）对于作业变更：作业内容变更时是否按照变更的内容进行作业，要检查不符合作业规程的项目，并将不符合的项目予以纠正 （3）生产进度的把握
	11	检查员工作业：员工是否按作业规程在生产线上作业
	12	品质和异常的信息收集与反馈：要留意生产线上是否有新人作业（作业不熟练者），是否有特采物料入场

时间段	序号	工作事项
	13	参加午休活动：发动组员积极地参加现场娱乐活动、午休学习会等
	14	（1）了解上午的生产实绩：生产实绩达不到日计划的时候，调查原因并在下午采取应对措施 （2）检查机械设备和工具：将不符合要求的机械设备和工具申请维修，午休的时候要确认已经将维修信息传达给专业的设备维修人员
	15	作业训练状况的确认和作业训练的实施：把握现场需要的技术内容和个人的技能训练要求之后，制订训练计划，根据标准作业书实施作业训练
	16	实施现场巡视：与上午中的"事项5"相同，不过，对上午的要点有改变的必要，比如对于作业者的观察，下午和上午进行观察的作业者对象要不同
	17	了解某段时间的生产实绩：与上午中的"事项8"一样
	18	对于指示事项实施状况的检查：与上午中的"事项10"一样
	19	进行作业检查：与上午中的"事项11"一样
	20	品质和异常的情报收集与反馈：与上午中的"事项12"一样
13：00 〜 18：00	21	发现有异常及时采取对策，加以处理 （1）安全——与管理者（安全专员）联络，接受指示并执行 （2）品质——首先要防止向下工序流出不良品，另外要就异常发生的事实迅速联络管理者和质量部等 （3）设备——联络设备部，说明设备的异常状况，若维修时间耗时较长，则要报告管理者 （4）生产暂停——生产暂停时间长达20分钟以上时，组织员工学习、开会，或者对不良品进行返工处置等，短时间（20分钟以下）的停止时，指示组员开展现场清扫、整理、整顿等活动
	22	勤务关系的处理、检查：确认出勤状况，批复相关申请；接受有关生产的事项
	23	（1）下班时根据当日的生产状况，确认实绩、整理数据，填写日报表，写日总结，将第二天上班开工时要注意的事项写下来 （2）根据日报表上的各种管理数据，分析现场的问题
	24	此点应用于轮班。把轮班必要的情况记录在白班/夜班联络本里。白班/夜班联络本上记载以下内容 （1）生产方面：生产量完成的正负数；作业设定内容 （2）人事方面：组员的异动、支援、临时员工的入厂接收等关联信息 （3）品质方面：下班之前总结品质不良发生时处置的情况，异常零件被采用的信息，本工序上流出的不良品处置等 （4）设备关系：本班次中设备的运行状况，哪些设备需要进行校正、调整等方面的信息 （5）其他：安全装置的情况、事故的有无等信息
	25	下班时的处置：将防护用具、工具收拾、点检，归回原位，对现场进行清扫

【精益范本2】▸▸

<table>
<tr><td colspan="3" align="center">班组长每日工作流程</td></tr>
<tr><td>序号</td><td>时间段</td><td>基本内容</td></tr>
<tr>
<td>1</td>
<td>班前</td>
<td>（1）提前10分钟到达车间，检查本班组所在范围内的卫生，核对本日生产计划，根据生产计划检查本班组物料备料情况（应有1小时的备料），检查生产设备是否正常
（2）预备铃响之后检查员工有无缺勤，如有缺勤则进行临时人力调配，并做人员出勤记录，本班组如有新员工，应在开机前进行指导
（3）做本班组当日生产计划之外的管理计划</td>
</tr>
<tr>
<td>2</td>
<td>班中</td>
<td>（1）组织召开班前会议，宣布本班当天的工作任务
（2）每小时查看本班组员工的作业方式是否规范标准，生产工具及物料是否按工艺规定使用，工位卫生情况是否合格
（3）每小时查看本班组QC报表、维修报表，了解维修情况，查看有无坏机，如有则及时分析原因并研究对策，做好控制，填写异常原因
（4）每小时查看本班组合格产量，填入报表中，如有异常（偏离计划10%）则寻找原因并加以解决
（5）每小时检查本班组物料有无异常，有无1小时备料，材料有无不良
（6）对员工进行检查，上午、下午及晚上各一次以上
（7）如在当日工作中有额外工作安排，则将自己的安排填入"本组计划"栏内</td>
</tr>
<tr>
<td>3</td>
<td>班后</td>
<td>（1）监督员工做好本工位的卫生并检查本班组卫生完成情况，做好记录
（2）检查本班组的安全情况，及时关闭车间门、窗、风扇和水、电等设备
（3）讨论本日生产任务是否完成，上级有无批示，本班组有无困难需上级解决，员工有无问题反映，如有是否解决
（4）总结当天的工作内容及过程，准备次日工作计划、本班组会议的主题和内容</td>
</tr>
</table>

二、每周常规工作

身为班组长，在一日事情一日清的基础上，要有更长远的计划，至少对每周要做什么事情要心中有数。每一周结束后，都要有工作总结。

通过长期的总结就会发现，每周的工作是有规律可循的。班组长可以把一些每周要做的常规工作罗列出来，最好能将常规工作的处理程序、方法、细节按照标准作业程序整理出来，日后按照该作业程序去做，就会做得又快又好又轻松。

下面是一份某工厂的班组长每周常规工作事项，虽然不尽完善，但可以借鉴。

【精益范本3】▶▶

班组长每周常规工作事项

序号	项目	内容
1	现场教育的实施	对管理技术学习会、新产品组装学习会、危险预知训练、设备导入学习会等现场必要的训练计划予以实施。对新员工单独进行技术指导
2	出席生产效率提高会议	出席生产效率提高会议。出席之前进行资料的总结整理，会中就本班组工作效率方面提出自己的建议和看法，若效率高，主动将经验总结出来
3	提案审查	初审员工提出的改善建议，协助下属员工完善提案
4	编制每周工作周报	整理必要的数据（生产实绩、不良数、不良率、直通率等），并据此进行分析
5	出席展开说明会议	及时参加，就设备能力、人员状况提出建议
6	出席各种研修会	发表本班组对于生产方面的建议
7	出席突发的各种会议	及时发表个人意见，积极参与突发事件的处理
8	与技术员商讨	就品质、设备、工装夹具的问题点从现场管理的角度提出建议

三、每月常规工作

班组长每日、每周的工作是有规律的，其实，在一个规范的企业里，每月工作通常也是有规律可循的。每个月的工作事项有常规的，也有突发的。班组长要做到让自己忙而不乱、井井有条，首先必须了解有哪些事项，然后就这些事项做好有序的工作安排。下面是一份某工厂班组长的每月基本工作事项，仅供读者参考。

【精益范本4】▶▶

班组长每月常规工作事项

时间段	工作事项
上旬	（1）汇总上个月的各项生产指标，对照工作计划回顾上个月的各项活动。分析计划与实际业绩的差距，并在今后的工作中提请注意 （2）着手新计划的编制，对上个月出现的问题提出改善对策 （3）安全方面：分析上个月有关安全卫生方面的数据，追踪标准操作指导书规定的有关内容

续表

时间段	工作事项
上旬	（4）质量方面：分析上个月的质量数据（不良率、直通率、合格率等），分析上个月哪些产品出现哪些质量问题，采取了哪些措施 （5）交货期方面：分析上个月有关影响交货期的各类数据（劳动生产率、材料损耗、停工待料、设备损坏、工艺变更）等 （6）培养部下：回顾上个月有关提高、扩大技能教育的实际业绩以及 QC 小组活动的实际业绩，并反映在本月的计划中。根据人员的替换及操作的变更情况，实施作业指导
中旬	（1）召开生产性会议：在上个月成果的基础上讨论、确认本月及下个月的有关改善活动 （2）所需人员计划的实施：对照生产目标及人员需求或缺乏状况，与生产主管协商、调整 （3）实施 KY 活动（零事故活动） （4）推动提高员工操作技能的各项措施，让下属参与公司组织的各项教育培训活动 （5）召开安全会议，实施危险因素预警训练（kiken yochi training，KYT），实施安全巡检 （6）召开质量会议 （7）参加生产会议，了解每个月的生产任务，计算需要的人数 （8）指导 QC 小组的活动 （9）按照改善计划实施改善工作
下旬	（1）准备下个月活动计划所需的账票类物品 （2）开展与总务有关的各项业务 （3）确认库存，申请生产所用的材料 （4）讨论下个月的工作编制方案 （5）确认下个月的改善计划 （6）讨论需支援人的数量 （7）确认提高、扩大技能的计划，确认班组教育计划 （8）汇总当月班组出勤、工作的实际业绩 （9）确认工作计划并在小组内进行调整

第三节　班组长的任职要求

一、专业知识

要想成为一名优秀的班组长，必须全面了解本部门相关的业务流程，掌握必要的专业技术、业务技能和管理技术，有足够的实务运作能力。总之，必须能组织班组正常开展业务活动，按时、保质保量地完成生产任务，其所需掌握的专业知识具体表现在以下六个方面，如图1-5所示。

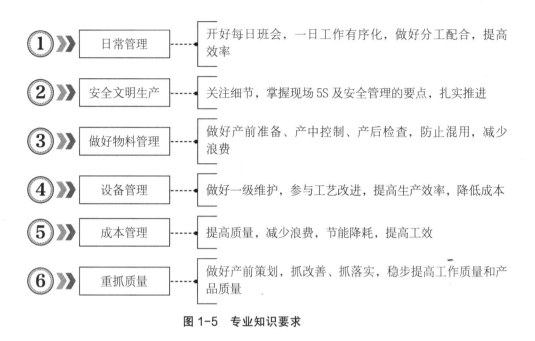

①	日常管理	开好每日班会，一日工作有序化，做好分工配合，提高效率
②	安全文明生产	关注细节，掌握现场5S及安全管理的要点，扎实推进
③	做好物料管理	做好产前准备、产中控制、产后检查，防止混用，减少浪费
④	设备管理	做好一级维护，参与工艺改进，提高生产效率，降低成本
⑤	成本管理	提高质量，减少浪费，节能降耗，提高工效
⑥	重抓质量	做好产前策划，抓改善、抓落实，稳步提高工作质量和产品质量

图1-5　专业知识要求

二、能力要求

要想成为一名优秀的班组长，必须具备相应的能力（图1-6），才能管好整个班组的日常工作。

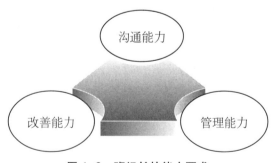

图1-6　班组长的能力要求

（一）沟通能力

班组长必须具备一定的书面表达和口头表达能力，掌握必要的说服技巧，能充分、得体、有效地与人沟通，争取管理者、同级和部下的理解和支持，能恰当地进行冲突管理，进行跨部门、跨级别的业务协调。班组长的沟通能力主要表现在四个方面，如图1-7所示。

能力一	做好班组人员管理，提高一线员工的应变能力
能力二	有良好的沟通习惯和沟通技巧，善于报告、联络、协商
能力三	注重人的心理分析，善于处理班组内外的人际关系，争取各方面的业务支持
能力四	创造乐观、积极、友善、向上的工作氛围，培养良好的班组风气，形成好"土壤"

图 1-7　班组长的沟通能力

（二）改善能力

改善能力即围绕班组目标对比现状，发现差距和问题，通过业务改善和管理改善，提高业务管理的能力，具体如图 1-8 所示。

1	有正确的问题意识，敢于正视问题，充分利用问题带来的改进机会
2	保持对问题的敏锐性，能用专业眼光和方法深入地发现问题
3	能运用 PDCA 循环（计划、实施、检查、应对）分析和解决问题
4	熟练掌握必要的管理工具，能利用科学工具和方法推进业务改善

图 1-8　班组长的改善能力

班组长在实施PDCA循环时，还要在各个成员之间实施PDCA循环，使每一次循环都能解决一部分问题，在不断的循环中提高班组成员的综合素质。

讲师提醒

（三）管理能力

管理能力是指班组长具备尊重员工、诚心对待员工，重视自我培养和部下培养，能教人、能带队伍的能力。班组长必须不断完善组织建设，培养良好班风，提高班组战斗力，具体如图 1-9 所示。

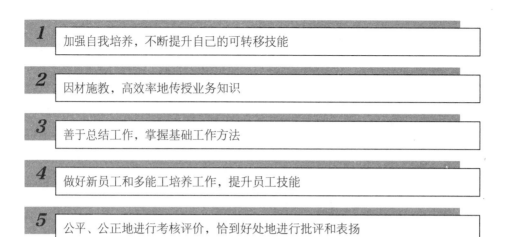

1	加强自我培养，不断提升自己的可转移技能
2	因材施教，高效率地传授业务知识
3	善于总结工作，掌握基础工作方法
4	做好新员工和多能工培养工作，提升员工技能
5	公平、公正地进行考核评价，恰到好处地进行批评和表扬

图 1-9　班组长的管理能力表现

三、心态要求

要想成为一名优秀的班组长，必须具备良好的心态，才能灵活处理工作中遇到的各种问题。具体而言，班组长所要具备的心态要求，如图 1-10 所示。

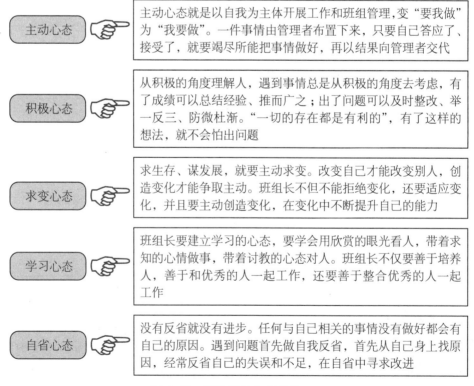

主动心态	主动心态就是以自我为主体开展工作和班组管理，变"要我做"为"我要做"。一件事情由管理者布置下来，只要自己答应了、接受了，就要竭尽所能把事情做好，再以结果向管理者交代
积极心态	从积极的角度理解人，遇到事情总是从积极的角度去考虑，有了成绩可以总结经验、推而广之；出了问题可以及时整改、举一反三、防微杜渐。"一切的存在都是有利的"，有了这样的想法，就不会怕出问题
求变心态	求生存、谋发展，就要主动求变。改变自己才能改变别人，创造变化才能争取主动。班组长不但不能拒绝变化，还要适应变化，并且要主动创造变化，在变化中不断提升自己的能力
学习心态	班组长要建立学习的心态，要学会用欣赏的眼光看人，带着求知的心情做事，带着讨教的心态对人。班组长不仅要善于培养人，善于和优秀的人一起工作，还要善于整合优秀的人一起工作
自省心态	没有反省就没有进步。任何与自己相关的事情没有做好都会有自己的原因。遇到问题首先做自我反省，首先从自己身上找原因，经常反省自己的失误和不足，在自省中寻求改进

图 1-10　班组长的心态要求

四、工作处理要求

要想成为一名优秀的班组长，在处理各种工作和日常事务时，必须掌握基本的处理方法，具体如表1-3所示。

表1-3　工作处理要求

序号	要求类别	具体说明
1	办事要公道	"办事要公道"说起来容易，做起来却非常难。公平常常被错当成平均主义，因此班组长在分配工作时要做到办事公道、奖罚分明，分配利益时也要做到公平，这样才能够服众
2	关心员工	班组长要关心本班组成员的工作和生活，要了解其工作进展情况，并帮助他们解决遇到的棘手问题。在班组管理中，班组长应博采众长，能聆听、尊重班组成员提出的各种好的建议，对提出好建议或方法的成员表示感谢，调动班组成员的积极性
3	准确下达指示	班组长作为一线的管理者，发布的指示必须准确无误，否则容易产生歧义。如果指示不准确，在传达过程中必然会出现这样或那样的失误，从而造成工作中的事故
4	荣誉分享	作为班组长还应做到慷慨地把荣誉和奖金分给大家，班组成员中的劳动模范越多，说明班组长的工作做得越好

第四节　班组长工作中的细节

一、要重点关注管理要素——4M1E

只有目标能被直接控制，管理要素才能被直接控制。为了实现班组目标，班组长应该有效地管理人（man）、机（machine）、料（material）、法（method）、环（environment）五大要素（简称为4M1E），如图1-11所示。

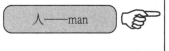

人是生产系统中最重要、最活跃的因素，应教导员工，使其掌握必要的作业技能、达到合格的行为标准和工作质量，确保每个人都能按要求开展工作、完成任务;同时，要调动一线员工的主动性、积极性和创造力，使全员开动脑筋、参与改善、自主管理

设备是生产的重要条件，应做好设备维护保养，给设备配备合适的工作条件，同时科学操作、使用设备，防止设备劣化，使设备发挥最大的工作效率

图1-11

23

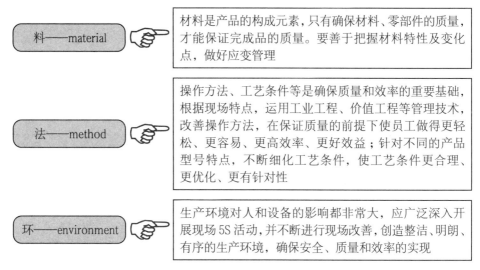

料——material 👉 材料是产品的构成元素，只有确保材料、零部件的质量，才能保证完成品的质量。要善于把握材料特性及变化点，做好应变管理

法——method 👉 操作方法、工艺条件等是确保质量和效率的重要基础，根据现场特点，运用工业工程、价值工程等管理技术，改善操作方法，在保证质量的前提下使员工做得更轻松、更容易、更高效率、更好效益；针对不同的产品型号特点，不断细化工艺条件，使工艺条件更合理、更优化、更有针对性

环——environment 👉 生产环境对人和设备的影响都非常大，应广泛深入开展现场5S活动，并不断进行现场改善，创造整洁、明朗、有序的生产环境，确保安全、质量和效率的实现

图 1-11　4M1E 说明

二、时刻保持两个基本观念

生产现场是企业的基础，人、机、料、法、环是公司为生产现场配备的必要资源，也是有限的资源，在生产现场管理中务必建立两个基本的观念。

（一）资源观念

班组长要将周围的环境当作资源来看待，人、机、料、法、环是资源，技术和信息是资源，上级、同级和下属都是资源。只有把周围的环境都当作可以利用的资源来看待，才能改变对环境的态度，调整对他们的方法——资源为我所用，想办法调动员工的积极性，为实现生产现场目标服务。

在生产企业中，生产部门和质量管理部门通常是一对"冤家"，生产部门和设备维护部门也经常闹矛盾。站在资源运用的角度，班组长就要突破表面现象，将生产部门和设备维护部门当作可以利用的资源来看待，改变对生产部门和设备维护部门人员的态度，调动他们为生产现场管理服务。

（二）经营观念

生产现场具备经营实体所必备的基本要素。生产现场相当于一个经营实体，管理一个部门就是经营一个部门。班组长应充分发挥个人主观能动性和集体智慧，使企业配置到生产现场的各类资源发挥最大作用。所以，生产现场做得好不好能表明班组长当得好不好。

每个生产现场都是一块小天地，班组长应该自主思考：我怎么把自己这块小天地管好？我该做哪些事情？怎么做好？还有哪些不足？

生产现场业绩好坏取决于班组长的领导和沟通协调能力；所以班组长要重视管理方

法和能力的提升，建立资源运用和部门经营的观念，站在更高的角度——也就是运用人、机、料、法、环等提高生产效率。班组长在实施具体业务的同时，应以更宽广的视野来看待现场管理。

三、运用 5W2H 法来解决问题

5W2H 法是抓住问题、分析问题、解决问题的一种重要方法，它为人们提供了面对问题时的思路。

（一）5W 指的是

（1）why，为什么。

（2）what，什么事。

（3）where，哪里。

（4）when，什么时候。

（5）who，什么人。

（二）2H 指的是

（1）how，如何。

（2）how much，成本（或代价）多少。

利用 5W2H 法，对现场改善中的任何一个问题都可以找到思路。

（三）5W2H 自问的顺序及内容

5W2H 自问的顺序及内容如表 1-4 所示。

表 1-4　5W2H 自问的顺序及内容

5W2H	意思	区分
what	做什么？有必要吗？	对象
why	为什么要做？目的是什么？	目的
where	在哪里做？一定要在那里做吗？	场所
when	什么时候做？有必要在那个时候做吗？	时间
who	由谁做？其他人做可以吗？	人
how	怎么做？有比这更好的手段吗？	方法
how much	进行改进，会付出什么样的代价？	成本

四、灵活运用目视管理法

所谓目视管理法，就是将所有的管理方法以及管制内容全部展示出来（图 1-12 ~ 图 1-14），一目了然，让一个完全不知道的人都能够一看就清楚。其基本目的是在工作现场所发生的许多问题都是全体员工共有的。

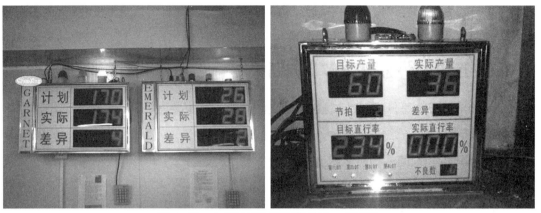

图 1-12　生产计划与实际的差异一目了然

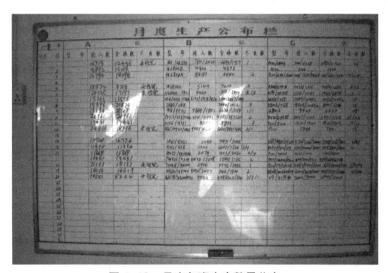

图 1-13　月度各班生产数量公布

图 1-14　车间工作管理看板

（一）没有进行目视管理会有什么结果

没有进行目视管理的生产现场，对在现场发生的各种各样的问题，在处理速度上有过慢的倾向，同时还有以下问题可能会产生。

（1）生产现场的活动方针和目标不能为全体作业者所了解。

（2）共同努力的目标不清楚，在生产现场感觉不到生气。

（3）即使发生了故障、异常，相互之间也难以迅速采取适当的协助措施。

（4）公司内部发生了问题，信息在内部难以相互传送。

（5）在工作中总感到难以在整体情况上进行交流。

（二）进行目视管理的效果

导入目视管理可期待取得以下的效果。

（1）提高生产效率。

（2）降低成本。

（3）提高作业现场的信息交流（图1-15）。

（4）提高作业效率。

（5）提高事务处理的效率。

（6）提高管理者、监督者的能力。

（7）彻底地进行预防性管理。

（8）提高品质。

总之，目视管理的最终目标是确立人际关系良好、有干劲、能愉快地进行工作的生产现场。

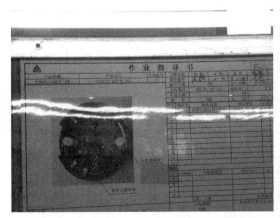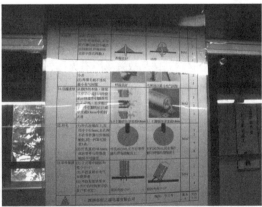

图1-15 张贴作业指导书并实施作业标准化

（三）目视管理表的活用方法

进行目视管理，可以通过"目视管理表"的活用来有效地实现，如表1-5所示。

表 1-5　目视管理表

年　月　日

场所		检查者		
	检查项目	检查方法	评价	备注
人员管理	◇是否维持了出勤率	调查出勤管理表		
	◇是否进行了必要的教育	调查教育记录		
	◇离开工作现场的人员去向是否清楚	确认不在者		
整理整顿	◇通路是否确保畅通	确认通路的标志		
	◇废品、不良品是否有区别	确认不良品放置场所		
	◇各现场的标志有无	确认现场的标志		
	◇在通路上有无纸屑等脏物	观察通路、现场		
	◇是否遵守 5S 的时间	查看日常例行工作计划表		
现场管理	◇现场的整理、整顿如何	调查作业现场		
	◇是否根据作业标准书进行作业	调查作业标准书		
	◇安全卫生状况如何	调查劳动灾害率		
交货期管理	◇能否掌握与预定的交货期延误了多少天	确认进度管理表		
	◇作业者是否知道预定的交货期	向作业者做询问调查		
	◇安全卫生状况如何	确认清洁卫生执行表		
品质管理	◇品质保证系统是否确立	调查品质手册		
	◇有无 QC 工程表、作业标准书	调查标准资料		
	◇是否了解不良品率的情况	调查不良品率图表		
	◇计量器的制度管理如何	确认计量器		
	◇了解投诉发生的情况	调查投诉发生图表		
资材管理	◇材料、部品放置场所有无标志	确认放置场所的标志		
	◇能否知道资材的过剩或不足	调查资材管理表		
	◇有无老化的资材	查看老化管理对象表		
治工具管理	◇模具和工具的整理、整顿是否良好	观察放置现场		
	◇有无模具、工具管理台账	调查管理台账		
	◇模具、工具管理状态如何	观察工具架		
	◇现场是否放有不用的工具	调查作业现场		

评价水准：A.非常清楚；B.清楚；C.普通；D.不太清楚；E.不清楚。

第二章

精益班组
团队管理

情景导入

杨老师："要想使你的班组优秀，必定离不开一个优秀的员工队伍，即一个好的团队。这节课，我们将一起来学习如何组建一支优秀的团队！"

"在正式讲课之前，我想先请几位学员来谈谈自己对班组团队的看法。现在，请刘××、杨××、王××做好准备。"小刘想起来了，上节课下课前，杨老师请自己提前做准备，谈谈对班组团队的认识。因此，小刘在课间休息时，理了理思路。

小刘："杨老师，可不可以先让我谈一点看法？"

杨老师："很好，看来小刘今天是做足了准备，大家欢迎！"

大家热烈地鼓掌。

小刘："我认为，一个优秀的班组团队，首先需要有一个优秀的团队领导者，其次才需要优秀的团队成员。我相信，一个班组团队不齐心协力，原因一定是出在班组长身上，而不是班组成员。班组长是班组的核心，如果班组成员是珍珠，那么班组长就是串起珍珠项链的那根绳子……"

杨老师："很好，小刘的这个比喻非常形象，由此也可以看出班组长在班组中的重要作用。现在，请小杨谈谈自己的看法。"

小杨："刚才小刘讲了班组长的核心作用，我就讲讲班组长要如何发挥其核心作用，才能将班组成员紧紧地团结在一起。我觉得，班组长与班组成员的沟通，不应仅限于工作时间，还应在工作之余与成员加强交流，了解其状态，从中发现问题后，第一时间予以解决。在这里，我给大家讲一个我的亲身经历……"

杨老师："小杨说得很好，我们接下来请小王讲讲，大家欢迎！"

小王："我认为作为一名优秀的班组长，从严管理必不可少，但对于班组成员的激励也十分重要。如果只是一味地批评，会让其丧失自信心。适时地予以激励，可以更好地让其进步。因此，作为班组长，一定要学会如何激励员工。"

杨老师："今天大家都说得很好，本节课，我将从班组成员配备、班组培训、与下属有效沟通三个角度给大家讲解。"

第一节 班组成员配备

一、班组定岗管理

（一）根据工艺确定生产岗位

专业研究表明，一个人能有效管理的直接人数为 10 人左右，所以一个班组的人数设定以 5 ~ 8 人为宜。企业通常也是根据这一特点以及生产工艺流程，来合理设置班组人数。

设置班组后，根据生产工艺确定生产岗位，根据作业内容配置相应的人数。

一般来说，一个岗位配备一位作业员工，某些产品有特殊的工艺要求需要临时增加人员的，在班组人员编制上也应事先予以明确，这样才能避免紧急的用工需求。

（二）按需设置职能管理岗位

一般来说，生产班组的职能管理包括计划管理、物料管理、质量管理、考勤管理、设备管理、5S 管理、安全管理、成本管理、低值易耗品管理等。这些职能管理工作可以根据班组大小和工作量大小采用不同的方式进行，具体如图 2-1 所示。

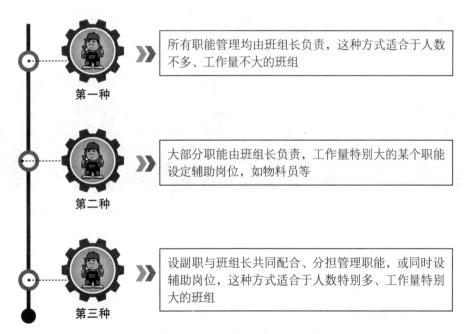

第一种 → 所有职能管理均由班组长负责，这种方式适合于人数不多、工作量不大的班组

第二种 → 大部分职能由班组长负责，工作量特别大的某个职能设定辅助岗位，如物料员等

第三种 → 设副职与班组长共同配合、分担管理职能，或同时设辅助岗位，这种方式适合于人数特别多、工作量特别大的班组

图 2-1 按需设置职能管理岗位

不同的岗位对技能要求和资格要求也都不一样，所以班组定岗不仅是对人数的要求，而且是对技能、资格的要求，班组长应该切实把握。

> 对于没有设副职和辅助人员的班组，班组长可以让骨干分担班组职能管理工作，这样不但能防止班组长陷入过多烦琐的具体事务中，而且能使骨干在做好本职工作的同时做班组长的助手，这也是培养班组长后备力量的有效方式。

讲师提醒

二、班组定员管理

班组定岗之后，班组的标准人数就能基本确定，如果生产产品的型号变化会带来弹性用工需求的话，班组定岗还要相应地明确其需求变化的规律。班组定岗定员通常以班组组织表的形式体现，被批准的组织表是人员需求和作业补员的重要依据。组织表是班组人员管理的重要工具，是班组职能管理的综合体现。

运用书面化的班组组织表并及时更新、动态管理，一个阶段内的人员安排就会一目了然，这样便于班组长掌握和调整班组人员。如图2-2和图2-3所示分别为上班人员一览表和当班人员名单看板。

图2-2　上班人员一览表

图2-3　当班人员名单看板

三、人员定岗管理

（一）员工定岗原则

员工的定岗是根据岗位要求和个人状况来决定的。根据岗位质量要求的高低，可以把员工的岗位区分为重要岗位和一般岗位；根据岗位劳动强度的大小，可以将员工的岗位区分为艰苦岗位和一般岗位。另外，员工的身体状况、技能水平、工作态度也是给员工定岗的重要依据。员工定岗原则，具体如图2-4所示。

图2-4　员工定岗原则

（二）员工定岗的好处

员工定岗的好处如图2-5所示。

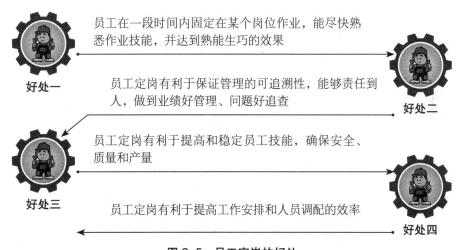

图2-5　员工定岗的好处

（三）未实施定岗的危害

员工定岗后，其操作岗位要求必须相对固定，不允许随便换岗，但在实际工作中经常出现员工串岗和换岗的现象。串岗是指一般员工未经批准在一个班次之内短、频、快地在不同岗位交替作业；换岗是指一般员工在一段时间内无组织、无计划地随意变换工作岗位。串岗和换岗都属于无管理行为，极易带来现场管理的混乱，其带来的危害是比较大的，具体如图2-6所示。

| 岗位变换快，员工作业技能不稳定 | 易出安全和质量事故，质量和产量难稳定 | 责任不清，问题难以追溯，业绩难以管理 | 岗位变动大、变动快，处于无序状态，人员难管理 |

图2-6　未实施定岗的危害

讲师提醒

　　随着用工制度和用工结构的变化，企业开始出现临时工、季节工、劳务外包等用工形式。班组长可根据岗位特点和需要，明确区分岗位性质和用工要求，利用这些用工形式，有针对性地做好定岗定员和人员管理工作，这对保障班组目标的实现起着很重要的作用。

四、员工出勤管理

（一）时间管理

　　时间管理是指管理员工是否按时上下班，是否按要求加班等事情，其核心是管理员工是否按时到岗，主要表现为缺勤管理。一般来说，员工缺勤有迟到、早退、请假、旷工、离职等几种情形。员工缺勤的处理见图2-7。

1 对于迟到、早退等情况，应该向当事人了解原因，同时严格按照企业制度记考勤。除非情况特殊，一般要对当事人进行必要的个别教育或公开教育，对于多次迟到、早退且屡教不改者，应该进行升级处理

2 员工请假需按照企业制度，提前书面请假且获得批准后才能休假。特殊情况下可以口头请假，班组长需要确认缘由，并进行恰当处理，既要显示制度的严肃性，又要体现管理的人性化

3 出现员工旷工时，应该及时联系当事人或向熟悉当事人的同事了解情况，确认当事人是出现意外不能及时请假还是本人恶意旷工，如果是前者应该首先给予关心，必要时进行指导教育，如果是后者则应该当作旷工事故按制度严肃处理

4 碰到员工不辞而别的离职情形，应该及时联系当事人或向熟悉当事人的同事了解情况，尽量了解员工不辞而别的原因。无论是工作原因还是个人原因，该做引导挽留工作的都要做引导挽留，就算是员工选择了离职，也要给予必要的感谢、善意的提醒，必要时诚恳地听取其对企业、班组和本人的意见或建议

图2-7　员工缺勤的处理

员工出勤的时间管理可以根据考勤表进行，做出勤率统计分析，从个人、月份、淡旺季、季节、假期等多个角度分析其规律。掌握历年来的规律能为班组定员及设置机动人员提供依据，以便提前准备、及时调配。

讲师提醒

（二）状态管理

状态管理是指对已出勤员工的在岗工作状态进行管理，班组长可通过观察员工表现和确认工作质量来把握出勤员工的精神状态、情绪、体力如何，必要时可进行了解、交流、关心、提醒和开导。班组长进行状态管理的几个要点如图2-8所示。

要点一	班组长要学会察言观色，对员工要发自内心地进行关心，确保生产顺利进行，确保员工人到岗，心到岗，状态到位、结果到位
要点二	当发现员工状态不佳、难以保证安全和质量时，要及时采取措施进行处理
要点三	如果发现员工因个人困难而心绪不宁甚至影响工作时，要给予真诚的帮助

图2-8 班组长进行状态管理的几个要点

五、补员管理

出现员工离职或辞职的情形，班组长应该及时向人力资源部门提出补员申请，同时做好临时性人员的调配工作，使生产进度和质量不受影响。临时补充人员到岗后，班组长要对临时补充人员尽相应的职责，具体如图2-9所示。

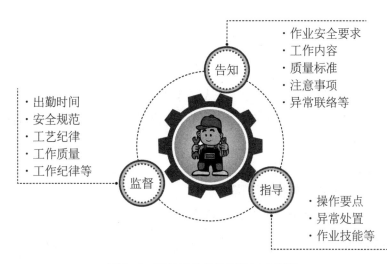

图2-9 班组长补员管理的三大职责

在外来支援人员结束工作之后，班组长要以口头或书面的形式评价其工作表现，客观评价后要给予相应的肯定、表扬或批评，告知本人及其直接领导，最后别忘了先道一声"辛苦"和"谢谢"。

六、员工轮岗

适度的岗位轮换有助于提高员工学习的热情和欲望，激发班组成员的干劲，培养多能工和后备人员。员工轮岗安排一定要有计划、有组织地进行，要避免仅凭一腔热情的自由主义。在人员选择上，应选取工作态度好、安全意识高、工作质量一贯稳定、原有岗位技能熟练的老员工为宜。

讲师提醒

一般来说，老员工到新岗位要完全掌握作业技能，快的也要2～3个月。因此，在时间安排上，老员工轮岗周期最好以3～6个月为宜。

在轮岗安排上，一旦决定某个员工转换岗位，班组长就要像对待新员工上岗一样，指导他、帮助他，并明确轮岗时间。一旦轮岗，换岗人员就要在规定的时间内固定在新岗位上，不允许随便变化。班组长要做好换岗人员新岗位的技能培训、质量考核和业绩管理工作，确保达到转岗目标。应该强调的是，为了确保岗位轮换的严肃性和计划性，班组长务必要将相关安排书面化，并向相关人员或全员进行公开说明。

七、工位顶替

（一）工位顶替的时机

人人都有三急，工位顶替的时机正是从这些"急"开始的。别看其事小，产生的影响却很大！所以，对于这些日常小事，班组长一定要特别关注。通常这些时机主要有：

（1）操作者需要去卫生间；

（2）操作者迟到或临时请假；

（3）操作者发生意外，如损伤手脚等；

（4）操作者需要处理上级批准的其他急务。

（二）管理方法

有人要离岗，就要有人去顶，总而言之是需要顶替的人。在没有两全其美的管理方法之前，不妨通过以下方法：

（1）需要离岗的人员要向管理者提出口头申请；

（2）离岗者要卸下操作证，佩戴离岗证（图2-10）；

（3）顶替者一般由班组长或助手担任；

（4）班组长要对顶替者的工作予以确认。

图 2-10　离岗证

第二节　班组培训

一、班组长在培训中的作用

提到培训，人们首先想到这是人力资源部的事。很多班组长也将员工培训和发展看作管辖范围之外的事情。在他们看来，他们的职能只是监督产品的生产，其实这是一种误解。

员工培训也是各级主管的分内职责，而且，班组长在下属的培训和发展方面起着至关重要的作用。班组长比其他人更了解下属的长处和短处、更清楚下属的培训需求，也常常拥有帮助下属改进工作绩效所必需的技能。

班组长在培训中的作用大致可概括如下（图2-11）。

（一）为新员工提供指导

当新员工进入部门时，需要班组长领着新员工去认识组织中的每一个成员，并及时给新员工开展上岗前的必备业务培训。经理要和新员工共同讨论工作内容、试用期工作

组织部门内的辅导和交流，让培训效果持久，培养继任者

作用

为新员工提供指导，分析员工的培训需求，鼓励员工参加培训

图 2-11　班组长在培训中的作用

目标、讲解考核的方法。同时，需要经理给新员工选定一名导师，负责提供日常公司制度、工作方法与流程方面的培训，导师可以由班组长直接担任。为了保证班组长能有效地实施指导，人力资源部可以帮助制定一个详细的行动检查表。

（二）分析员工的培训需求，鼓励员工参加培训

员工培训的最终目的是改善工作绩效，所以评估培训需求要和绩效分析结合起来。班组长为了确定下属的培训需要，必须找出影响绩效的具体原因，并决定是否通过培训或其他干涉措施来解决问题。需求一旦确定，就应马上进行内部辅导，或请人力资源部安排培训，而不能坐等人力资源部上门收集培训需求时才想起安排培训。人力资源部不可能了解到每一个人，也不可能对每一个人都做到细致的分析。能做这件事情的，只有班组长。

员工参加培训之前，班组长必须与员工进行沟通，确认这次培训与个人能力发展及工作改善之间的联系，明确培训目的和培训目标，甚至让他列出工作中的问题，以便在培训中或培训后思考并寻求解决方案。

（三）组织部门内的辅导和交流

部门内的辅导和交流是一种重要的培训形式，它在促使员工学习、留住员工方面能起到很好的作用。某电子公司客户服务中心有近 20 名技术工程师，在小型机、服务器、网络、硬件设备等技术方面，每一个人各有专长。出差是他们的家常便饭，但每次出差回来，班组长都要求他们写出详细的出差报告，将工作中遇到的问题、自己的解决方案、心得体会写出来，以便在部门内交流。

工作间隙，可组织内部研讨会，鼓励员工自学新技术，并鼓励员工担任内部讲师。部门经理要求每个人都有记笔记的习惯，把问题随时记录下来，在内部征集答案。部门对常见的问题进行归纳总结，用在客户培训和内部培训上。对自学通过认证考试的员工，以及主动传授技术的员工，给予特别的奖励。久而久之就形成了大家相互分享经验的传统，形成了一个有凝聚力的学习型团队。

（四）让培训效果持久

班组长既是培训需求的提出者和审核者，也是培训效果的保障者和评价者。员工在培训之后，对实际工作绩效的影响怎样，如何充分发挥培训的效果，班组长要与员工进行沟通，有时还需要向人力资源部提供反馈意见。

即使讲师准备充分，讲课内容充实，课堂效果良好，但学员的固有习惯常使其到工作岗位上仍是按以往的习惯作业。有研究表明，培训后 16 个星期内必须开展四五次辅导，否则培训效果会"缩水"80％。谁来进行辅导？除了专职的导师外，直接主管——班组长责无旁贷。

作为教练，班组长不但担负着"传道、授业、解惑"的职能，而且担负着时刻提醒的任务。

（五）培养继任者

优秀的班组长可以定义为：具有最大限度培养和利用下属的能力。有的公司规定，任何主管在没有培养出合格的继任者之前，是不能升迁的。为了防止突如其来的人员变动，并为公司的未来发展预留空间，有的公司实行了"副手制"或"接班人计划"。班组长要选出具有培养潜力的后备人才，给予更多的展示机会，代替自己行使部分权力，并在职业生涯规划、管理技能提升方面给予特别辅导，同时定期给予评估。

二、班组长培训的认识误区

"培训员工，主管有责"，但在实践中存在着导致班组长丧失培训热情的几种因素（图 2-12）。

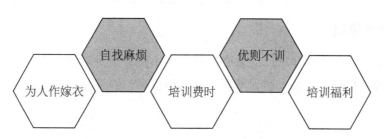

图 2-12　导致班组长丧失培训热情的因素

（一）为人作嫁衣

"员工培训之后反而造成人才流失，既花了钱，又耽误了工作，还增加了竞争对手，岂不冤枉？"特别是一些中小企业，由于在自身实力、公司文化方面存在不足，所以担心培训会使员工"翅膀硬了就想飞"。事实上，如果员工缺乏培训，低质量、低效率是自然而然的结果。

这样当然会使公司花冤枉钱，而且往往花得更多，只不过花得不是那么明显而已。另外，不培训员工并不能阻碍员工跳槽。对员工心存戒备，不舍得在人才发展上投入，会导致员工更快地离开。现代公司的竞争非常残酷：要么学习和发展，要么死亡。

（二）自找麻烦

"下属懂得多了，见得广了，自己的权威就没有了，甚至自己的饭碗也要被抢了。"如果不培训员工，手下是一帮庸才，班组的业绩肯定会受到影响，最终的结果是自己的饭碗会丢得更快。下属的才能不但不会掩盖主管的才能，而且会让上级主管信服你的管理才能。而作为班组长，领导部属带兵打仗的能力远比自己披挂上阵去做具体工作的能力更重要。对技术出身的班组长，这一点尤其重要。

（三）培训费时

"还想着让员工加班呢，哪有时间让他去参加培训？"

"我手头上的事太多，哪有精力培训下属？"

"培训也不是一日之功，以后再说吧。"

……

磨刀不误砍柴工，培训不是浪费时间，而是一种投资。员工掌握了工作的技能和必需的方法，工作起来会事半功倍。

（四）优则不训

"绩效不好，需要培训；下属绩效很好，还需要培训吗？"现在做得好，并不意味着将来做得好，而培训正是为不断发展变化的明天做准备。对绩效好的员工提供发展性质的培训，是对他工作绩效的一种肯定，也会促使他更进一步。

（五）培训福利

培训是配合组织目标而采取的激励措施，而不应看成是给予员工的恩惠。对希望办成"百年老店"的公司而言，培训不再只是一种福利，而是完成目标所必须提供的工作条件。

三、开展现场内的训练

对于员工的教育与训练可分为现场内的训练（on the job training, OJT）与现场外的训练（off the job training, Off-JT）。一般把在生产现场进行教育、训练的事情称为 OJT；而 Off-JT，即离开现场的教育、训练，主要采取集中起来以教育研修的形式进行。

（一）OJT 实施的理由

（1）在生产现场对作业者最有影响力的是其上司。

（2）生产现场出现问题，如果不是生产现场的管理者去处理，解决不了的事情就会很多。

（3）生产现场的业绩和实绩是管理者及其下属的工作总和，所以对下属的教育、培养是管理者的重要工作。

（二）OJT 的目的

（1）促进生产现场的交流，强化生产现场的合作。

（2）一个一个地提高作业者的工作热情。

（3）有效地实施生产现场的工作，就能完成生产目标。

（三）OJT 的实施步骤

1.确定受教育者

首先要列举其完成生产现场的各种作业所需要的能力，这里所说的能力是指与作业有关的知识、作业的顺序、作业的要点，应该达到的品质水准、作业速度、作业后的检查要点；接着是对分配至流水线的作业者持有能力的评价，找出其必要能力和实际能力之间的差距，确认作业者能力不足的部分。

2.准备教材

为消除作业者必要能力和实际能力之间的差距，最好的办法是将作业书面化。作业书面化是指将作业标准以文件的形式表现出来，即编制作业指导书。作业指导书起着正确指导员工从事某项作业的作用。

作业指导书要明确作业要求的5W1H。

（1）作业名称——做什么（what）？

（2）作业时间——什么时候做，在哪道工序前或哪道工序后（when）？

（3）作业者——谁去做（who）？

（4）作业地点——在哪儿做（where）？

（5）作业目的——为什么要这么做（why）？

（6）作业方式——所有工具及作业方法、关键要点（how）。

3.进行实际作业指导

为有效地指导作业，要按以下三个步骤进行。

（1）对作业进行说明。

着重讲解作业的5W1H，对现在从事的是什么样的作业进行说明。询问员工对作业的了解程度，以前是否从事过类似的作业；讲授作业的意义、目的以及质量、安全等重要性；重点强调安全方面的内容，使安全问题可视化；对零部件的名称和关键部位、使用的工装、夹具的放置方法进行说明。

所谓可视化就是用眼睛可以直接、容易地获取有关方面的信息。例如，应用标志、警示牌、标志杆、电子记分牌、大量的图表等。

（2）自己示范一遍，让员工跟着操作。

示范时，首先对每一个主要步骤和关键之处都要进行详细的说明，再针对重点进行作业指导；然后让员工试着进行操作，并让其简述主要步骤、关键点和理由，使其明白作业的5W1H，如果有不正确的地方要立即纠正；在员工真正领会以前，要多次地反复进行指导。

（3）注意观察、进行指导。

要仔细观察员工的操作步骤，对其操作不符合要求或不规范之处要进行指导，并让其知道在遇到不明白的地方时应怎样做才能快速获得正确答案。

四、教育新员工

（一）新员工的特征和现象

（1）不能正确使用礼貌用语，在路上和上司、客人擦肩而过也不打招呼。

（2）由于不知道对上司的言语措辞，所以被上司问到"明白吗？"时只能回答"嗯，明白了"之类的话。

（3）不知道工作场所的礼仪。不知道开关门的礼仪、吃饭的礼仪、工作结果的报告方法、异常时的处理方法等。

（4）不能做实际事务，尤其是刚毕业的学生。

（5）由于被斥责少，所以一被上司注意或斥责，就容易变得消沉或极端地反抗。

（6）开会时随意地和旁边的人说话。

（7）对不熟练的作业，会凭自己的一点经验和知识就去做。

（8）工作进行得不顺利，就埋怨别人，既不谦虚地进行自我反省，也不思考防止再次发生的对策。

（9）不知道团队如何协作，也不去考虑。

（二）对新员工教育的方法

（1）应以新员工为对象制作简单的教育手册，内容以公司的组织、职场的礼仪为中心内容，在新员工入厂时就进行教育，3个月后对教育项目中做得不好的要追加教育。

（2）上司看到新员工不符合要求的地方，应马上纠正，不要留待事后处理。

（三）对新员工教育的内容

（1）遵守时间规则。要告诉新员工上下班的时间，请假时要事先申请等规则。

（2）遵守服装规则。告知新员工厂服穿着要求和规定，可以现物来说明或描绘成图来说明。

（3）礼节。告诉新员工早晚见面时的礼仪礼节，而且指导其要大声地问好，也要告诉其对来宾的礼仪礼节。

（4）言语措辞。对上司的言语措辞和敬语的使用方法。

（5）动作。在通道和生产场所不要跑动，应整齐有序地放置好材料和工具等。

（6）被命令或者指示过的事情，要在被催促之前就进行报告，并应养成习惯。

（7）不好的、糟糕的事情，如不良品产生、机械故障、劳动灾害发生等要迅速告知上司。

（8）上司指示的事情应在理解后再着手做（不是因为被说了而无批判地进行行动，而是在理解后着手，在理解之前要询问）。

（9）严格依据作业指导书作业。

要做好工作，就要依据作业指导书来作业。使自己迅速成为能独立工作的作业者，进一步努力改善作业以谋求作业水平的提高。

五、开展多能工训练

（一）多能工训练的必要性

多能工训练是现场管理中不可缺少的教育课题之一，因为：

（1）出现缺勤者或因故请假者如果没有人去顶替其工作，就会使生产停止或造成产量减少；

（2）在品种多、数量少或按接单来安排生产的情况下，要频繁地变动流水线的编制，这要求作业者具备多能化的技艺以适应变换机种的需要；

（3）适应生产计划的变更。

企业为适应激烈竞争，往往会根据客户的某种要求而改变生产计划，这要求作业者的多技能化。

这几天班长张×非常烦。车间里乱得像锅粥，自己所管的生产线总共也就二十几个人，昨天辞工走了一个，今天老员工彭×又因为女儿运动时摔伤了腿，要在家里照顾。彭×的技术能力在整个公司里都是顶呱呱的，每次分到她手头的工作最多，但是有时她还能够比别的人快上一两分钟完成任务，这次她一请假，张×可就有点为难了。他们班的工作是流水线作业，又不能停，可是这时候换一个人上去顶彭×的工作是怎么也不够的，再说也不可能像她那样能又快又好地把工作完成。

（二）多能工训练计划的制订及记录

（1）调查在生产现场认为是必要的技术或技能，列举并记录到"多能工训练计划表"（表2-1）的横轴上。

（2）把生产现场作业者姓名记到"多能工训练计划表"的纵轴上。

表2-1　多能工训练计划表

年　月　日

训练项目 / 姓名	取图 2天	剪断 2天	铸锻 2天	展平 3天	消除变形 3天	弯曲 5天	锉磨 5天	冲压成形 5天	整形 5天	热处理 8天	焊锡 8天	熔接 8天	铆接 8天	组装 8天	抛光 8天	教育训练时间合计 80天
王××	☆	○	◎	○	☆	◎	×	◎	×	◎	×	×	◎	◎	☆	
李××	◎	☆	◎	◎	○	×	☆	◎	○	×	◎	☆	○	×	◎	
刘××	◎	◎	☆	◎	◎	◎	○	☆	◎	×	○	○	☆	×	○	
赵××	×	☆	◎	☆	○	◎	◎	☆	◎	○	○	×	☆	◎	◎	
周××	☆	◎	◎	☆	○	○	○	☆	◎	◎	×	○	○	×	×	
陈××	◎	◎	☆	◎	○	☆	◎	◎	×	○	×	◎	☆	◎		
朱××	○	◎	☆	◎	◎	◎	○	☆	◎	○	◎	☆	×			
杨××	☆	×	☆	◎	◎	◎	○	☆	○	×	◎	×	○	☆		
赵××	×	◎	☆	◎	◎	◎	☆	◎	○	×	◎	×	◎	○		
张××	☆	◎	○	☆	×	○	○	◎	☆	◎	○	◎	☆	◎		

注：☆表示100%掌握；◎表示75%掌握；○表示50%掌握；×表示不需学会。

（3）评价每个作业者所具有的技能，并使用所规定的记号来记录。

（4）制订各作业者未教育项目的教育计划（何时为止，教育何种项目）。

（5）随着教育进展的情况增加评价记号。

（三）多能工训练操作方法

（1）根据"多能工训练计划表"，按先后顺序逐一进行作业基准及作业指导书内容的教育、指导。

（2）完成初期教育指导后，进入该工程参观该作业者操作，注意加深其对作业基准及作业顺序教育内容的理解，随后利用中午休息或加班（工作结束后）时间，由班组长指导进行实际作业操作。

（3）在有班组长、副班组长（或其他多能工）顶位时，可安排学员进入该工程与作业者一起进行实际操作，以提高作业准确性及顺序标准化，同时掌握正确的作业方法。

（4）当学员掌握了正确的作业方法，并能达到作业基准，又具备正常作业流水线的速度（跟点作业），也就是说完全具备该工作作业能力后，可安排其进行单独作业，使其逐步熟练，达到一定程度的作业稳定性并能持续一段时间（3～6日最好）。但训练中的多能工学员在正常的跟点单独作业时，班组长要进行确认。

（5）考核学员的训练效果。检查作业方法是否与作业指导书的顺序方法一致，有没有不正确的作业动作，如果有要及时纠正；进行成品确认检查，成品是否满足品质、规格要求，有无作业不良造成的不良品。

通过上述检查均合格后，该员工的工程训练就可以判定为合格。

第三节　与下属有效沟通

众所周知，班组生产现场中常常面临着不断出现的问题，为了保证产品的品质，节约生产的成本，班组生产现场的信息往往需要及时地反馈，否则容易造成产品的品质、物流的配送、销售的售后服务以及企业的声誉等一系列的损失。因此，在生产现场，班组长必须与下属做好有效沟通。

又到午餐时间了，班长王×把操作员小李和小刘叫过来一起吃饭。

"小刘，我发现你现在的熟练程度提高了，继续努力！"班长王×说。

"谢谢！"

"我也恭喜你！你的努力让领导看到了！这几天我可就惨了，也不知道是怎么回事，我的（产品）合格率一直很低，也弄不清楚是什么原因造成的。"小李说。

"小李，我也留意到了，你的合格率比前几天低了一些。我还在担心你这两天是不是家里有什么事情。"王×说。

"我也不知道是怎么回事，好像这几天总出错，后来我发现总是在过那台×××机的时候就出问题。可是这台机器我天天都用啊，真有点想不通。"小李一说起这件事就觉得满腹委屈。

小刘一听，"不对不对，这不是我们原来的那台×××机了，那天晚上我们上夜班时，那台机器出现故障，拿到维修部修去了，因为我们急着要用，维修部就拿了一台备用的机器给我们，这台备用的机器倒是比原来的那台好用，不过有3毫米的误差，所以每次用的时候要往右移3毫米，我看你第二天回来和小赵站在×××机旁比画了很久，我还以为你已经知道了呢。"

"啊，天呐，你怎么不早告诉我呢，我这个月的奖金泡汤了！"小李高声叫道。

一般来说，信息沟通在一个班组或一个组织中呈现以下几种状态，见表2-2。

表 2-2　信息沟通在班组中呈现的状态

班组长	某员工	班组内其他员工	知情方式 / 处理方式
我不知道	你不知道	大家都不知道	上网、翻书、求教他人
我知道	你不知道	大家都知道	对于新员工、某情况发生时不在场的人员，应该让其尽快了解班组工作中的要求、规则、变化
我不知道	你不知道	大家都知道	说明班组长与员工之间关系可能过于亲密或已形成利益小团体，须注意不良影响，避免员工联手反抗自己
我不知道	你知道	大家都不知道	请相关人介绍方法、技巧，或重用相关人在某一方面的技能
我知道	你知道	大家都不知道	你 / 我犯了错误或有小秘密，在可以原谅 / 接受的范围内，内部自行处理
我不知道	你知道	大家都知道	员工们可能犯了错误或者想要联手对付你，此时需要细心观察员工的表情、反应，或用请外部人员调查自己的方式来了解原因

一、现场沟通的目的

班组人员如果做好现场的沟通工作，可达到以下几个方面的目的。

（一）迅速解决工作中的问题

现场生产中各种问题总是层出不穷，必须不停地去面对它。班组内面临的问题，必须要由全体成员一起来解决，如果信息交流不畅，双方之间就无法达成共识，也无法解决问题，就更别说提升产品品质了。

（二）促进上下级间的相互理解、信任，不断提高团队的凝聚力

一个团队中的任意两个成员，起初都是从陌生到认识，从并不相互信任、相互理解到逐步相互信任、相互理解，只有通过长时间的沟通交流，才能够产生信任、互相理解，才能提升班组的凝聚力。

（三）分工协作，达成共识，提升效率

班组中几乎每个成员的分工都不同，他们之间只有通过沟通协调，才知道各人的分工及个人要做的工作，这样才可以各自调整自己的工作计划和行为，迅速解决生产中所面临的问题。

二、现场沟通技巧

作为班组长，要想有效控制产品品质，在生产作业现场与下属进行沟通时应具备以下一些技巧。

（一）下达指示时内容要具体

作为班组长，在生产现场你是否曾下达过如下指示。

"做完以后一定要自己检验一下，看有没有质量问题！"

"小心检查来料，看看有没有什么不良，要是有，统统给我拣出来！"

"凡是有异常的，一个也不要放过！"

如果你经常这样发指示的话，那应替下属想想：收到这样的指示，下属真会按照指示去执行吗？如果执行了，真就能达到要求吗？答案是：肯定不会。为什么呢？因为下属还没有"听懂"指示的真正含义与标准。比如，要看哪种来料的何种不良？自检要检查什么内容？从指示里根本听不出来。另外，如果下属是个新人，接到这样的指示，恐怕更是一头雾水，无从下手。

从以上分析可以看出，这个责任不在于"指示"接收方，而在于指示发出方。那么，在沟通过程中，班组长该怎样下达"指示"才算是有效的呢？以下答案可供班组长参考。

"今天在Ａ公司投入塑胶材料前，要全数检查其扣位是否有披锋、缺口、拉斜、闭塞等现象，具体规格参照客户送达的样品。"

"××半成品上机前，要全数检查内外箱、彩盒、胶袋是否用错，如用错，则整批退回仓库。"

"为了提高品质，这个月我们要全力研究塑胶件裂纹所引起的不良，所以一定要收集工程内的相关数据。"

以上所列举的指示则非常具体，下属一接到班组长这样的指示就知道如何去做，而且在做完后一定会有结果反馈回来。总之，一个具体的指示里要有5W1H的具体内容，即what：做什么事？ who：谁去做？ when：什么时候做？ where：什么地方做？ why：为什么要做？ how：怎样去做？

只要5W1H明确了，下属就一定会按照指示要求将事做好。同时，班组长在下达指示时，还要注意以下问题。

（1）指示时可用口头谈话、电话、书面通知、托人传递、身体语言等传递媒介。能当面谈话的就不要打电话；能打电话的就不要书面通知（规定文书除外）；能书面通知的就不要托人传递。

（2）发出指示、命令之前，可先从向下属询问一些相关联的小问题开始，通过下属的回答，把握其对所谈话题的兴趣度、理解度之后，再把你的真实意图亮出来。

（3）除了绝对机密的信息之外，对下属应说明你发出该指示、命令的原因，而且是在自己认识、理解后发出的，不要做一个传声筒。"这是上面的指示，我也不知道为什么，你照办吧！"这样一来，下属的第一个心理反应就是："你都不知道，叫我怎么做？"

（4）已发出的指示、命令，有时不得已要重新更正。如一些对策方法，常常是发现一点更改一点，改来改去，不改又不行，弄得下属疲于奔命，此时应加以说明。如果不加任何说明，极易触发下属的不满："天天改，说话一点都不算数！"甚至不予执行。

（二）让生产现场充满生气

让生产现场充满生气，这样，下属才能集中精力做好自己手中的工作，力保产品的品质达标或提升。所以，作为班组长，有必要让班组的现场充满生气。

1. 现场有无生气的比较（表2-3）

表2-3　现场有无生气的比较

无生气的现象	有生气的现象
◇生产现场的规则混乱，无人遵守 ◇对稍微一点脏感觉不出来 ◇员工不相信领导或上司 ◇出现内部彼此告发的征兆 ◇员工回避费时、费力的工作	◇生产现场的环境改善和下功夫改善的提案多 ◇生产现场的整理、整顿、清扫无微不至 ◇生产现场的招呼声大，有轻松愉快的氛围，早上大声地相互问好，大声地传达指示命令，大声地回答命令等

2. 使生产现场充满生气的对策

班组长可以采取如图2-13所示对策使生产现场充满生气。

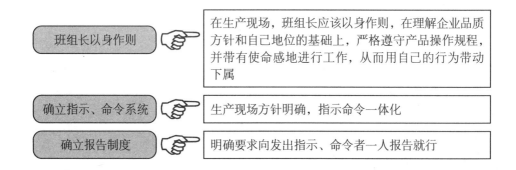

班组长以身作则	在生产现场，班组长应该以身作则，在理解企业品质方针和自己地位的基础上，严格遵守产品操作规程，并带有使命感地进行工作，从而用自己的行为带动下属
确立指示、命令系统	生产现场方针明确，指示命令一体化
确立报告制度	明确要求向发出指示、命令者一人报告就行

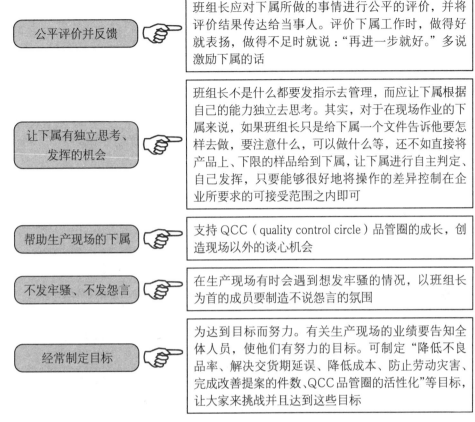

图 2-13　使生产现场充满生气的对策

（三）适时关注下属情绪

"王班长，李姐她今天心神不定的，好像又有些地方做错了。要不明天你让我多干一点？"作业者张×在收工时对班长王×说。李××是这个车间的老员工了，工作一直很认真，效率也高，很少出错。因此，班长王×将她放在她们班最后的位置上，让她除了完成自己的工作外，还要顺便检查班里其他成员的工作完成情况。这样的安排也让李××觉得很高兴，前段时间做得很开心，有时还会自己主动加班到很晚。可是近来，也不知道是怎么回事，李××的不良品率一直居高不下，精神状态也不太好。因此，王×决定找李××谈一谈。询问之下才知道，原来李××的儿子这些天患病毒性感冒，发高烧，丈夫又在外地工作，小孩放在家她不放心，放在婆婆家里，可那里离家又远，所以她每天得婆家、公司、自己家三个地方不停地跑，天天疲惫不堪，无法静下心来工作。

1.下属情绪低落的时机

（1）工作不顺心时。因工作失误，或工作无法照计划进行而情绪低落时，就是抓住下属心理的最佳时机。因为人在彷徨无助时，希望别人来安慰或鼓舞的心比平常更加强烈。

（2）人事调动时。因人事变动而调到本班组的人员，通常都会交织着期待与不安的心情，应该帮助他早日去除这种不安。另外，由于工作岗位的改变，下属之间的关系通常也会产生微妙的变化，不要忽视了这种变化。

（3）下属生病时。不管平常多么强壮的人，当身体不适时，心理总是特别脆弱。

（4）为家人担心时。家中有人生病，或是为小孩的教育问题等烦恼时，心理总是较为脆弱的。

2.探索下属心理状态的方法

不妨根据如图2-14所示几个要点来观察下属的心理状态。

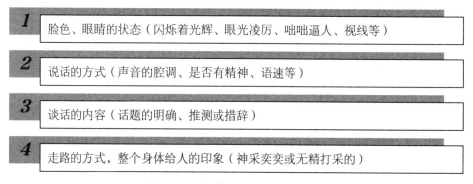

1 脸色、眼睛的状态（闪烁着光辉、眼光凌厉、咄咄逼人、视线等）

2 说话的方式（声音的腔调、是否有精神、语速等）

3 谈话的内容（话题的明确、推测或措辞）

4 走路的方式，整个身体给人的印象（神采奕奕或无精打采的）

图2-14 探索下属心理状态的要点

班组长要了解这些情况，然后加以运用，观察下属的心理状态。

三、改善现场沟通渠道

在现场管理中，班组长应该如何提升现场沟通交流的手段和改善沟通的渠道来节约时间、达到产品品质控制的目的呢？

（一）提高信息交流的手段

信息交流一般可以采用声音、图像、身体语言、刺激对方的嗅觉等方式来实现。在日常生活中，以声音和图像交流为主。因此，在生产现场的交流中，班组长更多的是要训练自己的口头表达能力、书面报告能力及表单的制作能力。如果有条件，一些电子通信工具的使用对于提升交流的手段也是比较重要的。

所以，在信息交流时，班组长要注意提升信息交流的手段和改善信息交流的渠道。

（二）改善信息沟通的渠道

生产现场发出的信息需要得到及时反馈，因此生产管理现场的沟通是信息全通道型交流，否则生产、物流、销售便会受到影响。为了得到及时反馈，就应在第一时间，将信息向外发出去，同时也要求在第一时间接收并继续反馈，实现关于生产物流、销售、信息的来回交流。班组内也应该形成这样的小循环，这样可以大大地节约决策时间，节省时间成本，具体如图 2-15 和图 2-16 所示。

图 2-15　生产车间与部门的沟通示意

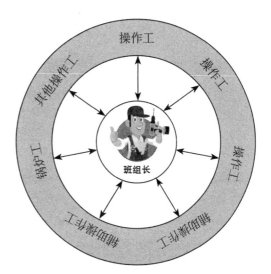

图 2-16　班组长与员工的沟通示意

第三章
精益班组的
质量管理

情景导入

　　杨老师："'质量就是生命！'相信大家对这句话都耳熟能详！在我们工作的场所，也随处可见有关质量的宣传标语。由此可见产品质量的重要性。在本节课中，我们将一起来看看产品质量的相关问题。同上节课一样，我想先请几位同学谈谈对于班组与产品质量的认识。现在，我给大家分组，小组讨论6分钟后，将由每组推荐一人上台讲解。"

　　杨老师根据座位，将全体人员分为了6组，每组各自推荐一名组长。

　　……

　　6分钟讨论结束。

　　杨老师："好了，讨论结束，现在请大家依次按照组号，每组一人负责发表该组的意见。首先，请第一组的人员，大家欢迎！"

　　第一组组员A："各位同学下午好，经过刚才的讨论，我们组认为，作为最基层的班组，是控制产品质量好坏的重要环节。如果班组在生产过程中的不当行为影响了产品的质量，后果将不堪设想……"

　　杨老师："讲得很好，现在我们有请第二组的代表。"

　　第二组组员B："我们组的讨论重点是，现在班组成员缺乏对产品质量的认识，应该加强对班组成员的质量意识培训。大家可能都会发现，质量意识的培训经常是一阵风，风过后大家又都忘记了。因此，如何将质量意识深植于员工的大脑中，非常重要……"

　　杨老师："如何将质量意识融入日常的工作中，确实是许多公司遇到的问题，大家也都在寻求解决方法。"

　　第三组组员C：……

　　第四组组员D：……

　　第五组组员E：……

　　第六组组员F：……

　　杨老师："大家都讲得很好，对于班组与产品质量的认识也很高。在本节课中，我将从班组质量管理基础、质量管理最优方法、质量管理注意事项三个方面对产品质量进行讲解。"

第一节　班组质量管理基础

一、推行"零缺陷"管理

"零缺陷"管理的主要思想是班组通过对班组成员主观能动性的发挥而开展的经营管理，班组成员必须经过努力使自己所负责的产品、业务没有缺点，并向着"零缺陷"质量的目标奋斗。主要目的是让班组成员抛弃"缺点难免论"，这样才能以"无缺点"的哲学观念为指导，要求各部门的班组成员本着精细化的理念，从一开始就要严肃认真地将自己所负责的产品做得准确无误。

（一）达到"零缺陷"须坚持的原则

要想达到准确无误，必须遵循克劳斯比质量管理的四项基本原则，如图 3-1 所示。

原则一　**质量即符合要求**

班组成员在完成产品的时候必须按照产品质量的标准走，因为质量的定义就是符合要求而不是主观或含糊的"好、不错"等描述

原则二　**保证产品质量的系统是预防，而不是检验**

因为检验是告知已发生的事情，当将不合格的产品挑选出来时，说明缺陷已经产生了，而预防是可以在制造产品的同时，发现潜在的质量问题，继而消除这些不符合产品质量的可能性。通过预防不仅可以保证工作正确完成，而且可以减少资源的浪费

原则三　**在产品质量面前必须追求"零缺陷"，而不是所谓的"差不多就好"**

有些班组在质量上经常存在着"差不多就好"的态度，他们认为只要在某些时候满足产品质量要求或是每次都满足大部分要求就行了，正因为"差不多就好"才让他们的班组产品永远也满足不了大众的需求。而"零缺陷"的工作标准，则意味着不仅要在每次质量上做到"零缺陷"，而且要在任何时候都能符合产品质量的要求

原则四　**产品质量是用不符合要求的代价来衡量的，而不是用指标**

如果对产品的合格与否仅用合格率或直通率等指标来表示的话，就会使班组长对产品质量不合格所产生的问题缺乏认识，班组长也就不会采取行动来整治。而如果将这些不合格的产品以货币价格展示出来，就能够增加班组长对问题的认识。班组制造出来的那些不合格的产品会产生额外的费用。这是一种浪费，浪费时间、人力和物力，这是不必要的代价

图 3-1　达到"零缺陷"须坚持的原则

作为班组长，在了解了以上四原则后就应开始在班组成员中进行实践。但是许多班组成员对"零缺陷"质量的意识比较淡薄，他们只知道按照上级的要求做出产品来，却在产品质量上不能保证。因此，作为班组长，首先应帮助班组成员树立"零缺陷"质量的意识。

在 A 生产班组中，有一次，由于客户催货比较紧，因此班组长要求班组成员赶紧加工，以便尽快将这批货物运到客户手上，在产品生产出来后，质检员就开始对产品质量进行检验。在某工序上质检员发现这道工序的产品不合格，因此要求班组成员返工。可是，没想到的是，这位班组成员板着脸，用手指着质检员道："你小子晚上给我小心点。"

在 B 生产班组中，有一次质检员发现某个班组成员所负责的一道工序中出现问题，他并没说什么，只是从口袋里掏出一张黄色卡片，然后将在哪道工序发现了什么问题，如何修补等详细情况都写在了卡片上，在检验完毕后，质检员将这张黄色卡片递给了负责这道工序的班组成员。这位班组成员看了卡片上写的内容后，对着质检员的背后深深地鞠了一躬，并说道"谢谢您帮我指出了我的问题，我一定按照您的意见加强对产品质量的改进。"

同样是一件事，A 班组成员："你小子晚上给我小心点。"B 班组成员："谢谢"。简直就是天壤之别，怎么会有如此大的差距？这只能说明一点，即 A 班组成员在质量上意识太弱。我们要知道，质量就是班组的生命线，它是让班组在市场上站住脚的"有力武器"，是征服顾客的"法宝"。如果班组成员没能树立良好的质量意识，就不可能做出良好质量的产品。作为班组长，必须让班组成员意识到产品是生产出来的，而不是检验出来的。所以，必须加强班组成员对质量的关注，提高班组成员对质量的意识。

（二）提高班组成员"零缺陷"意识的方法

1. 注重引导，提高质量参与意识

首先，班组长要树立班组成员的思想，即让班组成员经常抱持"质量第一"的思想；其次，班组长要加强班组成员对"质量控制"的理论的学习，让他们找到属于自己的方法；然后，班组长要让班组成员明白"如果我在这一道工序中的质量不合格，就会直接影响到下一道工序的正常生产，这样做的后果不仅会让公司的信誉不保，甚至会造成生产事故"；最后，经过这样的教导，班组成员的思想就会从"向我要质量"转变为"我要质量"的良好产品质量意识。

2. 加强合作，树立质量监控意识

作为班组长，当班组成员在生产质量中出现问题时，就要对在生产过程中出现的问题进行剖析，对班组成员进行讲解，并完善异常情况处理的机制，最后让每个操作人员都能清楚地了解自己在生产质量上存在的问题，从而能对自己所生产产品的质量进行改

进。通过改进，班组长也能全面、理性地了解每个班组成员不同的特点，然后针对各自的特点"对症下药"，经过改进，可以加大班组成员安全监控力度，最终让班组成员提高并巩固执行生产质量的标准，从而让班组成员树立质量监控的意识。

3. 开展交流，激发质量创新意识

交流是很重要的，通过班组交流，班组长可以将班组成员在日常生产过程中所遇到的质量问题整理成资料，让班组成员在以后的班组讨论会中一一提出解决这些问题的方案，并且班组长要经常开展 QC(质量控制)活动，这样就可以充分调动班组成员的积极性，而且通过班组成员之间的信息交流可以促使班组成员在以后的生产上如遇到问题时，就可以自己解决，避免因暂停生产造成的损失。

总之，班组长要尽量安排一些优秀班组成员进行质量方面的探讨，这样做不仅可以激发班组成员在质量上的创新，而且会进一步激发广大班组成员的荣誉感和进取心。因此，班组成员之间多多交流是提高班组成员质量创新意识的一种重要手段。

（三）班组"零缺陷"实施步骤

提升班组成员在"零缺陷"质量上的意识后，班组长就应该将"零缺陷"管理的意识贯彻到班组中，让每一个班组成员都掌握他的管理方法，这样才可以让公司的产品在质量上达到"零缺陷"。班组长在实施的时候，可以采用如图 3-2 所示几个步骤。

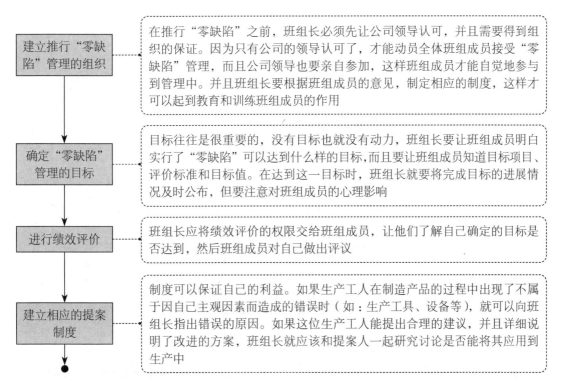

图 3-2

作为班组长，要明白，实行"零缺陷"管理并不是斥责错误者，而是表彰那些在生产过程中质量没有出现缺陷者；通过建立表彰制度可以增强职工消除缺点的信心和责任感，从而使他们向"零缺陷"目标奋进

图 3-2　班组"零缺陷"实施步骤

有人认为，只要进行"严格检验"就可以将班组的产品质量提上去了，其实这种既昂贵又不切实际的做法，是起不到任何作用的。必须提前预防将要出现的产品质量问题，做到防患于未然。而在班组中推行"零缺陷"管理就可以起到防止低质量发生的作用，它可以让班组成员看到管理者所期望的质量结果，然后班组成员按照领导所期望的结果去做，就可以使得班组达到改进质量的目的。

二、实施岗位质量负责制

岗位质量负责制是确保产品质量的一项重要制度，在生产过程和工作中必须严格执行。质量负责制执行情况要与班组经济责任制挂钩，做到质量优就重奖，质量劣就重罚，以实现对产品质量自我控制、自我检查、自我保证。

（一）班组长的质量责任

班组长是班组质量控制的管理者，必须发挥示范带头作用，具体的质量责任如图 3-3 所示。

1 严格执行质量目标，对本班组人员进行质量管理教育，认真贯彻执行质量制度和各项技术规定

2 组织好自检、互检活动，严禁弄虚作假行为，开好班组质量分析会，充分发挥班组质量管理的作用

3 严格执行工艺和技术操作规程，建立员工的质量责任制，重点抓好影响产品质量关键岗位的工作质量，保证质量指标的完成

4 组织本班组参加技术学习，针对影响质量的关键因素，开展革新和合理化建议活动，积极推广新工艺、新技术交流和技术协作，帮助员工练好基本功

图 3-3　班组长的质量责任

（二）作业人员的质量责任

班组作业人员是质量控制的直接责任人，其具体的质量责任主要包括如图 3-4 所示的几方面。

责任一	必须按质量要求进行生产作业，严格执行作业指导书
责任二	认真做好自检与互检，勤检查，及时发现问题，及时通知下一个岗位，做到人人把好质量关
责任三	积极参加技术知识学习，做到"四懂"，即懂产品质量要求、懂工艺技术、懂设备性能、懂检验方法

图 3-4　作业人员的质量责任

三、班组质量教育

强化质量教育是抓好班组产品质量的基础，班组长作为本班组的管理者，要做好班组成员的质量教育。

（一）班组质量教育的内容

班组质量教育的内容如图 3-5 所示。

 技术知识培训　根据员工所从事的工作来进行，例如：关于产品的技术知识；关于设备的技术知识和某些通用的技术知识（如原料、材料、标准件、标准等）

 工作技能培训　根据员工所从事的工作，对其工作技能进行培训，例如：操作技能、管理技能、沟通技巧等

 品质意识培训　品质意识培训包括两个方面：一是满足客户和其他相关方需求及期望的重要性；二是未能满足要求将造成的后果。班组长通过对员工进行这方面内容的培训，使员工牢固树立"品质第一"的思想，从而为质量管理体系的建立和运行奠定思想基础

 品管知识培训　根据员工所从事的工作来安排具体的品质管理知识内容，并且让员工接受品质管理知识培训

图 3-5　班组质量教育的内容

（二）班组质量教育的方式

具体在对班组成员进行质量教育时应做好以下工作。

（1）将质量手册的内容细化，与生产的具体作业结合。

（2）将企业的质量方针进行说明，并结合总的质量目标制定本班组的具体目标，如图3-6所示。

（3）使用品质公告栏，公布好的品质信息，同时对各种品质问题进行曝光。

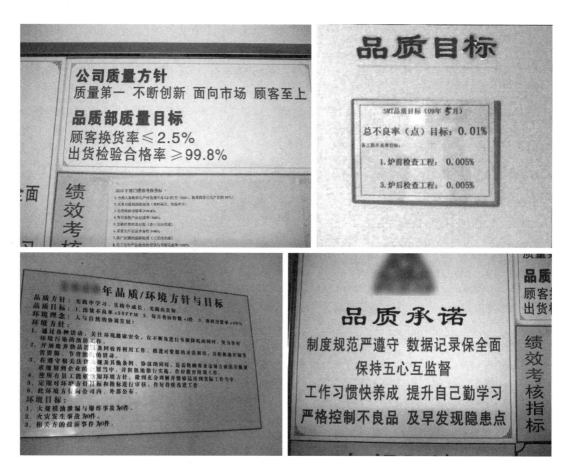

图3-6　将质量方针与目标用看板展示宣传

四、开展QC小组活动

QC小组活动是群众性的质量攻关活动，是全员参与质量管理的好形式，班组要在生产过程中充分发挥班组成员的聪明才智，开展好此项活动。组织攻关、小革新、小改革和开展合理化建议活动，解决班组产品质量存在的疑难问题和薄弱环节，有利于提高工作质量和产品质量，提高经济效益。

QC小组人员不宜过多，一般以3～10人为宜。QC小组的活动可按以下步骤来进行，具体如图3-7所示。

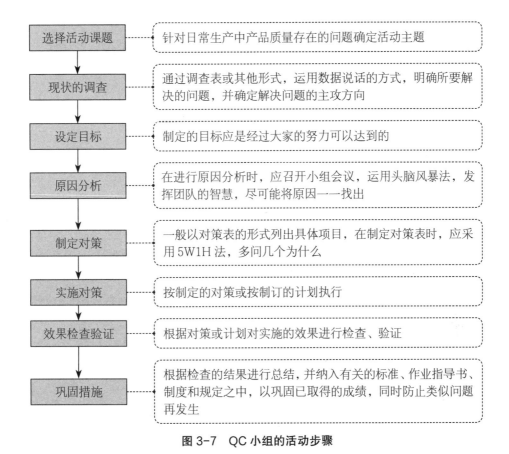

图 3-7　QC 小组的活动步骤

第二节　质量管理最优方法

一、做好工艺管理

工艺管理就是在生产产品过程中，针对产品的质量控制而对各种影响因素设置的具有约束性的规定。工艺管理的主要内容如图 3-8 所示。

图 3-8　工艺管理的主要内容

（一）准备技术文件

技术文件是工艺管理的一项重要内容，其质量的好坏将直接影响生产和品质检验的效果。

1.技术文件种类

根据生产特点，与工艺管理有关的技术文件主要包括以下两类。

（1）产品图样和技术标准。

（2）工艺文件，包括各种工艺流程图、工艺性分析资料、工艺方案、工序操作卡等。

2.备齐技术文件

在准备各类技术文件时，要做到正确、完整、统一，具体要点如表3-1所示。

表3-1　技术文件要求

序号	基本要求	具体说明
1	正确	（1）应符合有关标准规定，图纸、尺寸精度、尺寸链、形位公差及其标注方法等，应正确、清晰 （2）工艺流程安排合理，能指导生产和操作，保证产品加工质量稳定
2	完整	（1）种类应齐全，根据具体的生产作业配备相应的文件 （2）内容应完整，各种文字、图示、符号等要具备
3	统一	（1）产品图样、技术标准与工艺文件相关的技术要求应统一 （2）工艺文件与工艺装备图应统一

（二）校正设备和工艺装备

设备和工艺装备是贯彻工艺及确保稳定生产优质产品的物质条件。它们的技术状况好坏，直接影响产品质量。

除设备型号或工艺装备编号应符合工艺文件规定外，所有生产设备和工艺装备均应保持精度和良好的技术状态，以满足生产技术要求。量具、检具与仪表应坚持周期检定，保证量值统一，精度合格。不合格的设备和工艺装备，不能用于生产和品质检验。各种校正好的设备和工艺装备不能任意拆卸、移动。

（三）正确使用材料与在制品

在使用各种材料与在制品时，应注意以下要点。

（1）材质、规格符合工艺要求。

（2）在现场要进行正确、安全的装卸、搬运和移动。

（四）选定操作人员

操作人员处于贯彻工艺、遵守工艺纪律、保证稳定生产优质产品的支配地位（超支配作用的工艺因素）。操作者的工艺纪律是一项最为重要的内容，所以要根据作业需要选定符合资格的操作人员，具体要点如图3-9所示。

要点一	技术等级应符合工艺文件的规定，实际技术水平与评定的技术等级相吻合，确已达到本工序对操作者的技术要求
要点二	单件小批和成批生产，关键和重要的工艺实行定人、定机、定工种。大批量生产，全部工序实行定人、定机、定工种
要点三	精、大、稀设备的操作者，应经考试合格并获得设备操作证
要点四	特殊工序的操作者，例如锅炉、压力容器的焊工和无损检测人员等，应经过专门培训，并经考试合格，具备工艺操作证，在证书有效期内可以从事证书规定的生产操作

图3-9 选定符合资格的操作人员要点

（五）保持现场安全、整洁

在现场要做好以下工作，保持现场的安全、整洁。

（1）及时清扫现场的所有区域，包括设备、作业台、地面等。

（2）清理作业现场，保持现场通道的畅通。

（3）各种在制品按要求堆放，并按定置区域规定存放。

二、积极推行"三检制"

质量"三检制"指的是操作者自检、员工之间互检和专职检验人员专检相结合的一种品质检验制度。这种三结合的检验制度有利于调动员工参与企业品质检验工作的积极性，增强他们的责任感，是任何单纯依靠专业品质检验的检验制度都无法比拟的。班组长要十分熟悉并掌握品质管理"三检制"的具体内容。

（一）自检

（1）自检就是操作者对自己加工的产品，根据工序品质控制的技术标准自行检验。

（2）自检的最显著特点是检验工作基本上和生产加工过程同步进行。

（3）通过自检，操作者可以真正及时地了解自己加工产品的品质问题以及工序所处的品质状态，当出现问题时，可及时寻找原因并采取改进措施。

（4）自检制度是作业人员参与品质管理和落实品质责任制度的重要形式，也是"三检制"能取得实际效果的基础。

自检进一步可发展为"三自检制"，即操作者"自检、自分、自记"，具体如表3-2所示。

表 3-2　操作者"自检、自分、自记"

管理内容			确认者	评议
操作者	自检	首件自检（换刀、设备修理） 中间自检（按频次规定执行） 定量自检（班组实测）	检查员 班长 检查员	检查员 班长 质量员
	自分	不良品自分、自隔离、待处理	班长	车间主管
	自记	填写三检卡 检查各票证、签字	质量员 检查员	质量科主管

"三自检制"是操作者参与检验工作，确保产品品质的一种有效方法。该方法不但可以防止不合格产品流入下道工序，及时消除异常因素，防止产生大批不良品，而且产品无论流转到哪道工序，只要发现问题，便可以找到责任者，操作者对产品品质必须负责到底。

（二）互检

（1）互检就是作业者之间相互检验。一般是指下道工序对上道工序流转过来的在制品进行抽检；同一工作地换班交接时的相互检验；班组品质员或班组长对本班组人员加工的产品进行抽检等。

（2）互检是对自检的补充和监督，同时也有利于员工之间协调关系和交流技术。

（三）专检

（1）专检就是由专业检验人员进行的检验。专业检验人员熟悉产品技术要求和工艺知识，经验丰富，检验技能熟练，效率较高，所用检测仪器相对正规和精密，因此，专检的检验结果比较可靠。

（2）由于专业检验人员的职责约束，以及和受检对象的品质无直接利害关系，其检验过程和结果比较客观公正。所以，"三检制"必须以专业检验为主导。

（3）专业检验是现代化大生产劳动分工的客观要求，已成为一种专门的工种与技术。

三、控制好 4M1E

（一）4M1E

在生产加工中，由同一操作者，对同一工序，使用同一种材料，操纵同一设备，按照统一标准与工艺方法加工出来的同一种零件，其质量特性值不一定完全一样，这就是产品质量的波动现象。引起这种质量波动现象的主要因素是人（man）、机器（machine）、材料（material）、工艺方法（method）和环境（environment），简称为4M1E，具体如图3-10所示。

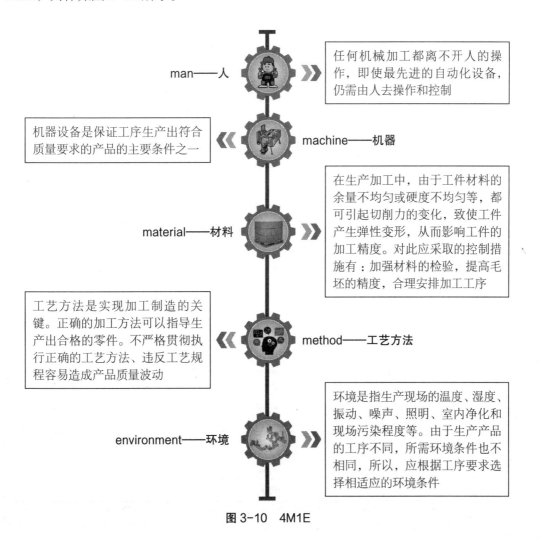

图 3-10　4M1E

（二）4M 变更的原因

4M 变更的原因，具体如图3-11所示。

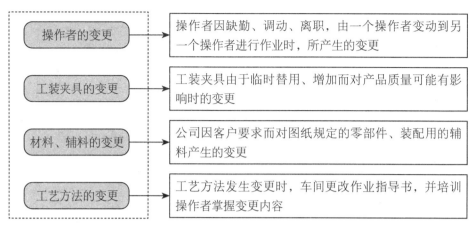

图 3-11 4M 变更的原因

（三）变更处理方法

班组长将变更的内容填入"变更申请书"（表 3-3），交车间主任签字后送到质量部，由质量部经理确定质管方面须确认的内容。变更发生班组及相关部门收到质量部发送的"变更申请书"后，按要求实施变更。变更处理方法见图 3-12。

表 3-3 变更申请书

编号：　　　　　　制作：　　　　　　确认：

	变更类别：		发生区域：			数量：	
发生班组填写	组件名：		组件编码：			变更时间：	
	变更理由：						
	变更事项：						
	序号	工位		变更内容（含规格值）			备注

制成：　　　　　　　　　　　　确认：

	序号	实施区	项目内容（含规格值）	测量（手法）	确认数量
质量部填写					

作业人员变更应按"作业指导书"要求安排员工训练，班组长每两个小时进行产品质量确认，直至培训合格为止

作业人员变更的处理方法

在生产过程中，要确认用工装夹具控制的首件产品质量是否合格。如果不合格，则要求相关部门停止生产并重新检查该工装夹具的有效性。工装夹具变更后，装配出来的首件产品经技术人员确认合格后，应由质检员进行小批量生产的复检，确认质量合格后方可进行大批量生产

工装夹具变更的处理方法

物料设计变更是指由于设计、生产、品质等因素需对产品进行规格、型号、物料、颜色、功能等的变更。生产过程中如果出现异常，应通知技术研发部门分析原因，并制定对策（必要时联络客户共商对策）

材料变更的处理方法

作业方法有变更时应修改作业指导书，并指导员工按新的作业方法进行作业，处理发生的异常情况，直到员工熟练为止

作业方法变更的处理方法

图 3-12　变更处理方法

同时，要特别注意的是，对于生产日期、批量有要求的产品应该严格按照要求的生产日期开始进行设计变更。对于旧零件，应具体情况具体分析，如表 3-4 所示。

表 3-4　旧零件的处置方法

序号	类别	处置方法
1	可使用的旧零件	根据旧零件的在库总数量安排生产，确保旧零件优先使用
2	追加工后可以使用的旧零件	公司内追加工由工艺技术人员指示追加工方法，必要时制定上下限判定样本。当零件追加工完成后，一定要重新检验合格后才做入库处理，追加工记录和再检记录要予以保存
3	不可使用的旧零件	做好隔离和标示，按公司规定的程序实施报废

（四）变更后产品质量的确认

各部门按照"变更申请书"的确认内容进行质量确认，确认结果记录在"变更确认表"中，最后返回质量部存档。

四、进行巡回质量检查

班组长在生产现场一定要定时对制造工序进行巡回质量检查，以便第一时间发现问题并予以解决。

（一）检查内容

巡回质量检查不仅要抽检产品，还要检查影响产品质量的生产因素，如人、机器、材料、工艺方法、环境。巡检是以抽查产品为主，而对生产线的巡检，则以检查影响产品质量的生产因素为主。生产因素的检查内容如图3-13所示。

01	当操作人员有变化时，对人员的教育培训以及评价有无及时实施
02	设备、工具、工装、计量器具在日常使用时，有无定期对其进行检查、校正、保养
03	物料和零部件在工序中的摆放、搬运及拿取方法是否会造成物料品质不良
04	不合格品有无明显标志并放置在规定区域
05	工艺文件（作业指导书之类）能否正确指导生产，工艺文件是否齐全并得到遵守
06	产品的标志和记录能否保证可追溯性
07	生产环境是否满足产品生产的需求，有无产品、物料散落在地面上
08	对生产中的问题，是否采取了改善措施
09	操作员工能否胜任工作
10	生产因素变换时（换活、修机、换模、换料）是否按要求通知质检员到场验证等

图3-13　生产因素的检查内容

（二）巡检要求

（1）应按照企业规定的检验频次和数量进行巡检，并填写好"现场巡检表"（表3-5）。

表3-5　现场巡检表

拉台号：		班次：		组长：		日期：			
本班生产工单	序号	生产时间	工单编号	产品/工模编号	产品名称	装潢	颜色	工单数量	生产数量

	检查时间						
巡回检查记录	来货与工单核对						
	模/夹具确认						
	工艺参数核对						
	设备运行状态						
	有无QC签名						
	货品标示						
	货品摆放						
	不合格品标示						
	不合格品隔离						
	员工作业状态						
	环境保护状态						
	品质可否接受						

	序号	时间	不合格项目及说明	生产签认	不合格处理	改善结果确认	备注
不合格处理							

（2）应把检验结果标示在工序控制图上。

（三）问题处理

班组长在巡检中发现的问题应及时指导作业者或联系有关人员加以纠正。问题严重时，要适时向有关部门发出"纠正和预防措施要求单"，要求其改进。

五、及时处理不良品

（一）对不良品仔细辨认，以避免错误判断

加工工序内如果发生不良品，以及在检查工序过程中检出不良品，应交给初级管理人员（拉长、组长、班长）进行确认；如QC（品质控制）检验出不良品，应该交给管理人员（车间主任、主管）进行确认。

（二）必须第一时间解决出现的不良品问题

造成不良品出现的原因很多，但是，如果信息及时反馈以及技术人员和管理人员能

够紧密配合，大部分的不良品问题可以得到解决。

为了避免在修理过程中出现新的不良品，企业在平常就应该对修理人员进行全方位的培训，使其不但要会修理，还要养成自检的习惯，自检合格后才能重新投入生产中。

（三）一次性检查完全部项目

要尽量一次检查完全部可以检查的项目，将所有不良的项目一一列出，方便修理人员一次修理完毕，同时避免二次不良的出现。如在进行 QC（品质控制）、QA（品质保证）检查时，中途发现不良品，可以就此停住，也可以继续检查下去（实在无法进行的例外），直到该检查工序所有的项目都结束为止，最后把所有不良品的项目一一列出来。

第三节 质量管理注意事项

一、首件确认后才批量生产

现场管理中通过对第一件（或第一批）产品进行检验确认，可以避免发生批量性生产的错误。在通常情况下，每班或每种产品投入生产后产出的第一件产品被认为是首件，如果首件检验合格，则说明目前的制程符合要求，可以批量投入生产；反之，则说明需要改进。至于具体的首件产品数量是多少，则要根据生产的特性来确定，一般的原则是5件。

（一）首件的产生

各班组要把每天或每个机种开始生产的前5件产品送质量部检查，从中挑出一个合格品作为首件品进行管理；如果检查中发现没有合格品或产品严重不良，则说明目前的制程不良，不能批量投入生产。

（二）首件的确认与管制

首件产品由质量部人员判定合格后，由现场班组长接收并确认，确认后首件产品连同其检查表一起放置在现场的首件专用台上，直到本首件管辖的时段（最多一天）完成为止。首件产品要按程序文件规定的方式去管理，主要管理事项包括签收、贴标签、建台账、更改、承认、发出等。

（三）首件产品的用途

因为首件产品是经质量部检验合格的，所以，班组长可以用它来和制程中的其他有问题的产品进行对比，以便统一认识。

二、执行"三不原则"

"三不原则"是许多企业的品质方针、品质目标或宣传口号。因为"三不原则"立足于保证产品品质，所以许多企业都在严格实施，具体如图3-14所示。

不接受不合格品　　不接受不合格品是指员工在生产加工之前，先对前道工序传递的产品按规定检查其是否合格，一旦发现问题则有权拒绝接收，并及时反馈到前道工序。前道工序人员收到反馈需要马上停止加工，追查原因，采取措施，使品质问题得到及时纠正，并避免不合格品的继续加工所造成的浪费

不制造不合格品　　不制造不合格品是指接收前道工序的合格品后，在本岗位加工时严格执行作业规范，确保产品的加工质量。确保作业前的检查、确认等准备工作充分到位；随时观察作业中的过程状况，避免或及早发现异常的发生，减少产生不合格品的概率。作业前准备充分并在过程中确认产品的正常生产是不制造不合格品的关键。只有不产生不合格品，才能不流出不合格品

不流出不合格品　　不流出不合格品是指员工完成本工序加工，须检查确认产品质量，一旦发现不合格品，必须及时停机，将不合格品在本工序截下，在本工序内完成不合格品的处置，并采取防止不合格品再出现的措施。本道工序应保证传递的是合格产品，否则会被下道"客户"拒收

图3-14　"三不原则"

讲师提醒

　　"三不原则"的实施促使每一个岗位、每一个员工都建立起"生产出使自己和客户都满意的产品"的信念，一根无形的质量链贯穿于生产的全过程，制约着每个操作者，使流程的各个环节始终处于良好的受控状态，进入有序的良性循环，通过全体员工优良的工作质量来保证产品的质量。

三、控制好换线质量

换线的实质是在一个较短时间内变更体制，此时可能会因为忙乱，导致质量问题发生，以下以组装生产线的切换控制为例来说明。

（一）切换的标志警示

对于流水线生产，某个产品全部生产完毕后，停下整条流水线，再布置另外一种产品的生产，称为休克式切换法。这种方式非常"稳妥"，但浪费了时间，降低了效率。较好的方法是不停线切换方式，也就是在第一件切换产品上标示"产品切换"的字样，那么这件产品往下流动的过程中就明确了它与前面产品的不同，从而引导下一道工序的员工用不同的方法来处理。

（二）首件确认

首件确认是指对切换后生产出来的第一件产品的形状、外观、参数、规格、性能、相异点进行全面的确认，可以是质检人员确认，也可以是工艺人员或者班组长确认。首件确认是非常重要的确认工作，在首件确认中可以发现一些致命的批量性缺陷，如零部件用错等问题，所以要特别认真地对待。

（三）不用品的撤离标志

首件确认合格后，意味着切换成功，可以连续地生产下去。但是对撤换下来的物料不可轻视，一定要根据使用频率进行安排放置，具体如表3-6所示。

表3-6 不用品的安排放置

序号	使用频率	放置场所
1	当天还要使用的	生产线附近的暂放区
2	三天内使用的	生产线存放区
3	一周内使用的	仓库的暂放区
4	一月内使用的	重新入库，下次优先使用
5	一月以上使用的	重新包装后入库

四、做好现场的不良品标志

为了确保不良品在生产过程中不被误用，工厂所有的外购货品、在制品、半成品、成品以及待处理的不良品均应有质量识别标志，如图3-15所示。

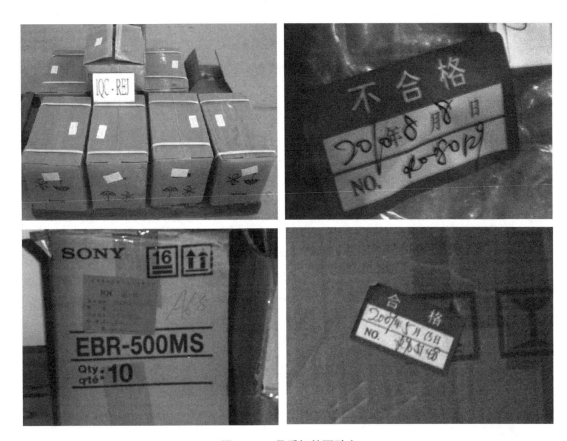

图 3-15　品质标签要贴上

（一）选择标志物

1.标志牌

它是由木板或金属片做成的小方牌，按货品属性或处理类型将相应的标志牌悬挂在货物的外包装上加以标示。

根据企业标志需求，可分为"待验牌""暂收牌""合格牌""不合格牌""待处理牌""冻结牌""退货牌""重检牌""返工牌""返修牌""报废牌"等。标志牌主要适用于大型货物或成批产品的标示。

2.标签或卡片

该标志物一般为一张标签纸或卡片，通常也称为"箱头纸"。在使用时将货物判别类型标注在上面，并注明货物的品名、规格、颜色、材质、来源、工单编号、日期、数量等内容。在标示品质状态时，质检员按物品的品质检验结果在标签或卡片的"品质"栏盖相应的 QC 标志印章。

3.色标

色标的形状一般为一张正方形（2厘米×2厘米）的有色粘贴纸。它可直接贴在货物表面规定的位置，也可贴在产品的外包装或标签纸上。色标的颜色一般分为：绿色、黄色、红色三种，具体如表3-7所示。

表3-7　色标所代表的意义及粘贴位置

序号	颜色	意义	贴置地方
1	绿色	代表受检产品合格	一般贴在货物表面的右下角易于看见的地方
2	黄色	代表受检产品品质暂时无法确定	一般贴在货物表面的右上角易于看见的地方
3	红色	代表受检产品不合格	一般贴在货物表面的左上角易于看见的地方

（二）不良品标志要求

在生产现场的每台机器旁，每条装配拉台、包装线或每个工位旁边一般应设置专门的"不良品箱"。

对员工自检出的或班组长在巡检中判定的不良品，班组长应让员工主动地将其放入"不良品箱"中，待该箱装满时或该工单产品生产完成时，由专门员工清点数量。

在容器的外包装表面指定的位置贴上"箱头纸"或"标签"，经所在部门的质检员盖"不合格"字样或"REJECT"印章后搬运到现场划定的"不合格"区域整齐摆放。

五、要隔离好不良品

经过标示的不良品应放置在有隔离措施的场所，这些隔离措施应能保证不良品易于识别，或不易被错误使用。

（一）不良品区域

在各生产现场（制造/装配或包装）的每台机器或拉台的每个工位旁边，均应配有专用的不良品箱或袋，以便用来收集生产中产生的不良品。

在各生产现场（制造/装配或包装）的每台机器或拉台的每个工位旁边，要专门划出一个专用区域用来摆放不良品箱或袋，该区域即为"不良品暂放区"。

各生产现场和楼层要规划出一定面积的"不良品摆放区"，用来摆放从生产线上收集来的不良品。

所有的"不良品"摆放区均要用有色油漆进行画线和文字注明，区域面积的大小视该单位产生不良品的数量而定。

（二）标志放置

对已做过判定的不良品，所在班组或责任人员无异议时，由责任班组安排人员将不良品集中打包或装箱。质检员在每个包装物的表面盖"REJECT"印章后，由班组现场人员送到"不良品"摆放区。不合格品有专门存放点如图3-16所示，设置不合格品看板如图3-17所示。

图 3-16　不合格品有专门存放点

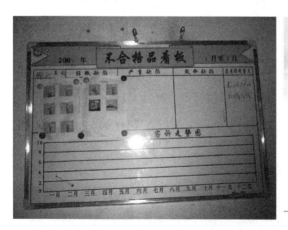
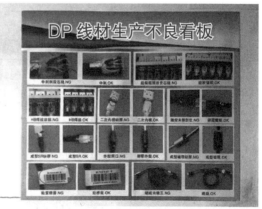

图 3-17　设置不合格品看板

对质检员判定的不良品，责任班组有异议时，由班组长向所在部门的质检组长以上级别的品质管理人员进行交涉，直至异议公平、公正解决为止。

（三）不良品区域管制

不良品区内的货物，在没有质量部的书面处理通知时，任何部门或个人不得擅自处理或利用不良品。不良品的处理必须要由质量部监督进行。

（四）不良品记录

现场班组长或质检员应将当天产生的不良品数量如实地记录在当天的巡检报表上，同时对当天送往"不合格"区的不良品进行分类，详细地填写在"不良品隔离管制统计表"（表3-8）上，并经生产部门或班组签字确认后交质量部存档。

表3-8　不良品隔离管制统计表

生产部门/班组：　　　　　　　　　　　　　　　日期：

品名/规格	颜色	编号	工位	不良品变动			区编号	备注
				进	出	存		

生产部门：　　　　　　　　　　　质检员：

六、留意特殊工序

特殊工序是指那些在制造过程中担当特殊特性操作的工位。特殊特性是指产品在制程中显得比较关键或特别的某些具体指标，通常包括产品特殊特性（比较特殊或关键的与产品指标及其零件有关联的特性）和过程特殊特性（比较特殊或关键的工程技术参数）。

（一）特殊工序辨识

以下所示工序属特殊工序。

（1）其结果不能通过后续的检验和试验来验证是否符合要求的工序。

（2）其结果的缺陷仅在后续的过程乃至在产品使用后才暴露出来。

（3）不易测量、检验或不能经济地测量的工序，如需实施破坏性测试或昂贵的测试才能获得证实的工序。

（二）特殊工序的管理

特殊工序的管理有两种，具体如图3-18所示。

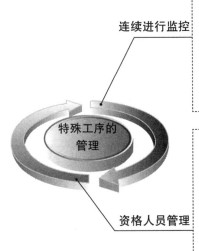

连续进行监控
- ◆利用仪器全程显示过程的各种指标，如温度、速度、电压和电流等
- ◆自动探测或直接显示产品的规格
- ◆设置工位，100％检验从这些工序出来的产品
- ◆对该工序中的特别特性项目实施统计制程管理
- ◆遇到该工序及其相关项目出现问题时应优先处理

资格人员管理
- ◆把该工序交给被授予资格的人员去完成
- ◆对授予资格的过程进行管理和控制，以确保资格人员的有效性
- ◆对现场那些操作手法娴熟的人员按规定认定其业务技术技能，通过考核、评定，鉴定级别，然后授予相关资格，并发给他们资格证
- ◆遇到该工序及其相关项目出现问题时应优先处理

图 3-18　特殊工序的管理

七、确保样品正确

对于班组的员工而言，如果仅仅进行教育是远远不够的，更直观的做法就是提供样品，使实际作业成果与作业指导书相结合。

（一）确定样品的标准

许多时候，如果班组长只给员工一个样品，但是不告诉他们样品本身的等级，员工在选择的时候则可能会根据自己的判断来对产品进行加工，导致产品的质量不一。所以班组长必须对样品的质量标准进行详细说明，最好转化为具体的作业要求。

班组长在提供样品后，要注意进行跟踪确认。尤其是产品的关键工序和疑难工序，一定要保证产品的加工从始至终都能遵循质量标准。

讲师提醒

（二）样品要保管好

样品也有保质期，随着时间的变化，样品也会发生变化，因此在生产过程中，班组长一定要保持样品的原样。比如，平常要将样品按照规定的要求进行保存，否则样品的颜色或性能会发生变化，产生的不利影响将是巨大的。

第四章

**精益班组的
安全管理**

情景导入

杨老师："企业的许多工作任务都需要班组这个基础平台来完成，班组的安全基础管理做得好坏，关系到家庭的幸福、企业和社会的安全。班组是事故的多发地带，有的事故看起来好像发生在班组，但实际上也和我们的安全基础管理不到位有着密不可分的关系。打造零事故班组，是成为优秀的班组长所必备的一个要求。"

小刘："杨老师，一个零事故班组，我认为不仅需要班组的努力，还要整个企业其他部门的共同支持与配合。"

杨老师："说得很对，班组的安全管理工作，的确需要各个部门的协作支持。当然，在本节课中，我们将重点从班组长、班组的角度来分析安全管理。我想问问各位，你们认为班组长应该具有哪些安全责任？"

小李："我认为班组长在班组安全方面的责任是不可推卸的，因为班组长是班组的安全生产第一责任人，是完成班组生产任务的核心人物。因此班组长在管好生产的同时，必须管好安全。"

杨老师："说得很好，小刘是从大局分析班组安全管理，小李则从班组长个人角度分析班组安全管理，出发点不同。当然，要做好班组的安全管理，一定要从各个方面权衡考虑，而不是局限于一点。"

小杨："不过，一个班组的安全管理工作，确实需要所有人的共同努力。只靠一个人的力量，我想是很难完成的。"

杨老师："因此在本节课中，我们将从安全管理基础、安全管理最优方法、安全管理注意事项三个方面来讲解班组安全管理工作。让我们大家一起为打造零事故班组而努力！"

第一节　安全管理基础

一、明确班组安全责任

企业里，绝大部分事故发生在班组，因此，班组是事故的主要"发源地"，只有班组的安全工作做好了，事故频率减少了，整个企业的各项安全管理措施才落到了实处，安全管理才能收到实效。如果班组长管理不善，或责任心不强，对违章违纪听之任之，发生事故的概率将大大增加。

某工厂水解反应釜又发生了泄漏，班长王×知道后按常规简单地向维修部写了一张维修单。操作工陈×认为不能这样做："班长啊，这个水解反应釜三番四次泄漏，一定是出了什么问题。我们不能这样简单维修一下，最好是报告上级，找一些专家过来全面检查一下。"

王×听了不耐烦："没事，凭我多年的工作经验，这只是个小意外，不用大惊小怪！况且维修部过来维修的时候，如果有问题一定能查出来。"

几天后，正在运行的水解反应釜突然爆炸，设备完全炸毁，造成多人伤亡，直接经济损失数十万元。

（一）班组长的安全责任

班组长是班组的安全生产第一责任人，又是完成班组生产任务的核心人物，这就决定了班组长在管好生产的同时，必须管好安全，否则在生产中发生不安全现象乃至事故，班组长的责任是不可推卸的。班组长的具体职责有以下几方面。

（1）认真执行劳动保护方针政策、规章制度以及本企业和本车间的安全工作指令、决定等，对本班组工人在生产中的安全和健康负责。

（2）根据生产任务、劳动环境和工人的身体、情绪、思想状况具体布置安全工作，做到班前布置，班后检查。

（3）经常教育和检查本班组工人正确使用机器设备、电器设备、工夹具、原材料、安全装置、个人防护用品等。做到机器设备处于良好状态，保持成品、半成品、材料及废物合理放置，通道畅通，场地整洁。消除一切不安全因素和事故隐患。

（4）对本班组工人进行安全操作方法的指导，并检查其对安全技术操作规程的遵守情况。

（5）督促班组安全员认真组织每周的安全活动，做好对新员工、调换工种和复工人员的安全生产知识教育。

（6）发生伤亡事故时，应立即报告车间领导，并积极组织抢救。除防止事故扩大采取必要的措施外，应保护好现场。组织班组按"四不放过"的原则，对伤亡事故进行分析，吸取教训，举一反三，抓好整改。督促安全员认真填写"员工伤亡事故登记表"，按规定的时间上报。

（7）积极组织开展"人人身边无隐患活动"，制止违章指挥和违章作业，严格执行"安全否决权"。

（8）加强对班组安全员的领导，积极支持其工作。对各种安全生产档案资料应做到制度化、规范化、科学化。

有的企业会组织全体员工参加一个安全大会，签下安全生产责任书（如下范本），班组长可从责任书中，了解自己的安全责任。

【精益范本1】▶▶▶

班组长安全生产责任书

班组长安全生产职责如下。

1. 执行本公司和车间安全生产规定和要求，对本班组的安全生产全面负责。

2. 组织员工学习并贯彻执行公司、车间各项安全生产规章制度和安全技术操作规程，教育员工遵守法纪，制止违章行为。

3. 组织并加强安全活动，坚持班前讲安全、班中检查安全、班后总结安全。

4. 负责对新老员工进行岗位安全教育。

5. 负责班组安全检查，发现不安全因素及时组织力量消除，并报告上级。

6. 发生事故立即报告，并组织抢救，保护好现场，做好详细记录。

7. 做好本班组生产设备、安全装置、消防设施、防护器材和急救器具的检查维护工作，使其保持完好和正常运行，督促教育员工正确使用劳动保护用品。

8. 不违章指挥，不强令员工冒险作业。

9. 做好本部门第一安全责任人委托的其他安全工作。

我们承诺：坚决履行上述安全生产职责和义务，认真抓好本班组安全生产工作。

签发人（部门安全生产第一责任人）：＿＿＿＿＿＿＿＿＿＿

责任人签名：　　　　　　　　　　日期：　　年　月　日

序号	姓名	工号	职位	签名
1				
2				
3				
4				
5				
...				

（二）班组成员的安全责任

班组成员是班组长的直接下属，包括班组中所有岗位的员工。班组中所有岗位的每个人都有安全责任。

1. 班组成员的安全责任

（1）坚持"安全第一，预防为主"的方针，严格遵守企业各项安全生产规章制度和安全操作规程，正确使用和保养各类设备及安全防护设施，不准乱开、乱动非本人操作的设备和电气装置。

（2）上班前做好班前准备工作，认真检查设备、工具及其安全防护装置，发现不安全因素应及时报告安全员或班组长。

（3）按规定认真进行交接班，交接安全生产情况，并做好记录。

（4）积极参加和接受各种形式的安全教育及操作训练，参加班组安全活动，虚心听取安全技术人员或安全员对本人安全生产的指导。

（5）按规定正确穿戴、合理使用劳动保护用品和用具，对他人的违章作业行为有责任规劝，对违章指挥有权拒绝执行，并立即报告有关领导和厂安全技术人员。

（6）经常保持工作场地清洁卫生，及时清除杂物，物品堆放整齐稳妥，保证道路安全畅通。

（7）发生工伤、工伤未遂等事故或发现事故隐患时，应立即抢救并及时向有关领导和安全技术人员（安全员）报告，应保护好现场，积极配合事故调查，提供事故真实材料。

2. 如何明确班组成员的责任

企业可以在各种会议上，如早会、部门大会、班前班后会上讲解员工的安全责任；也可以在员工培训（新员工入职培训、在职员工培训、安全专题培训）时不断地强调员工的安全责任（图4-1）；还可以很慎重地开一个安全大会，组织班组成员签订"安全生产责任书"（如下范本），使其真正知道自己的安全责任。

图 4-1　班组成员进行安全宣誓活动

【精益范本2】▸▸▸

＿＿＿部员工安全生产责任书

员工安全生产职责如下。

1.严格遵守公司各项安全管理制度和操作规程，不违章作业，不违反劳动纪律，对本岗位的安全生产负直接责任。

2.认真学习和掌握本工种的安全操作规程及有关安全知识，努力提高安全技术。

3.精心操作，严格执行工艺流程，做好各项记录，交接班时必须交接安全情况。

4.了解和掌握工作环境的危险源和危险因素，发现各种事故隐患时积极进行报告。

5.发生事故，要正确处理，及时、如实地向上级报告，并保护现场。

6.积极参加各种安全活动，发现异常情况及时处理和报告。

7.正确操作，精心维护设备，保持作业环境整洁、有序。

8.按规定着装上岗作业，正确使用各种防护器具。

9.有权拒绝违章作业的命令，对他人违章作业予以劝阻和制止。

我们承诺：坚决履行上述安全生产职责和义务，认真做好本岗位的安全生产工作。

签发人（部门安全生产第一责任人）：＿＿＿＿＿＿＿＿＿＿

责任人签名：　　　　　　　　　　　　　　　日期：　　年　月　日

序号	姓名	工号	工种	签名	序号	姓名	工号	工种	签名
1					6				
2					7				

续表

序号	姓名	工号	工种	签名	序号	姓名	工号	工种	签名
3					8				
4					9				
5					10				

二、班组安全目标管理

安全生产目标是安全生产所要达到的目标，通常以千人负伤率、万吨产品死亡率、尘毒作业点合格率、噪声作业点合格率和设备完好率等预期达到的目标值来表示。

（一）了解本班组的安全目标

根据整分原理，制定安全目标就是整体规划，之后还会明确分工。即在企业的总安全目标制定以后，自上而下层层展开，分解落实到各部门、车间、班组和个人，纵向到底，横向到边，使每个组织、每个员工都确定自己的目标和明确自己的责任，形成一个个人保班组、班组保车间、车间保厂部，层层互保的目标连锁体系。

班组长要积极地了解本车间、班组的安全目标，以下为某企业某一班组的安全生产目标责任书，通过这份责任书，就可以充分了解班组的安全目标及实现的要求。

【精益范本3】▶▶

班组人员安全生产目标责任书

一、班组人员安全生产职责

1.严格遵守国家及各级政府、主管部门制定的安全生产法律、法规并自觉接受监督。

2.认真贯彻"安全第一，预防为主"的安全生产方针，深化安全生产的"双基"工作。

3.切实落实车间主任布置的各项工作，在操作作业中严格执行公司制定的安全规章制度和生产操作规程。

4.正确佩戴劳保用品，正确使用消防器材。

5.加强对特种设备、特种作业人员的管理，确保安全生产。

6.认真开展岗位自查、自纠工作，发现问题及时解决。

7.积极参加公司组织的各类安全培训、教育活动。

8.积极协助安全管理部做好安全、环保、职业健康工作。

9.积极参加班组安全活动。

10.努力学习专业知识，精通业务，钻研技术，不断提高工作水平。

11.工作过程中相互配合，相互提醒，发现问题及时处理、汇报。

12.作为事故应急小组成员，应明确职责，切实履行。

二、目标

1.质量、安全、环保、职业健康安全零事故。

2.按计划参加培训率达90%。

3.按计划参加班组活动率达90%。

4.劳保用品正确佩戴率达100%。

5.有效执行操作规程率达100%。

三、奖惩办法

1.年内公司将对以上目标进行考核，达到目标要求的，进行表彰奖励，达不到目标要求的，公司视情节给予处罚。

2.自觉履行法定义务，完成年度目标，可评为安全生产工作先进个人。

3.对未达标的个人，实行一票否决，公司取消其评比先进的资格。

4.对于玩忽职守，工作不负责任造成一定后果的人员，公司将根据情节轻重严肃处理，直至追究刑事责任。

5.因管理不力致使区域内存在的重大安全隐患不能及时整改或造成重大安全事故的，对有关责任人员按照国务院《关于特大安全事故行政责任追究的规定》给予行政处分；构成犯罪的，依法追究刑事责任。

责任人签字：   日期：

部门主管签字：   日期：

（二）实现安全目标

实现安全目标就是采取具体的措施来确保达成安全生产目标。

1.班组安全管理责任分配

生产是由整个班组成员协作完成的，所以每一个人都要参与安全管理，作为班组长，有责任将安全责任中的具体事项分配给具体的员工来负责。以下是某企业的班组安全管理责任分配一览表（表4-1），供参考。

表 4-1 某企业的班组安全管理责任分配一览表

状态	事项	工作内容	责任人
日常管理	1.灭火器材点检	（1）确保灭火器在有效使用期限；消火栓、水带无破损 （2）上述器材无灰尘和锈迹	杨 ××
	2.化学物品保管	确保化学物品保管在铁柜内；化学物品无泄漏	张 ××
	3.设备安全装置点检	所有安全装置有效；注油、防锈	林 ××
	4.插座、电源开关点检	无破损、无漏电；接触良好	周 ××
	5.劳保用品管理	用品数量保证；穿戴规范监督	张 ××
	6.空调、抽风机点检	空调、抽风机正常运转	彭 ××
火灾发生时	1.报告、联络	发出报警信号，并向上级报告	杨 ××、张 ××
	2.切断电源	切断车间设备电源	林 ××、周 ××
	3.组织灭火	火势初期，迅速组织义务消防队员运用各种方式灭火；如火势不受控制，应及时撤离	张 ××、彭 ××、罗 ××、孙 ××
	4.重要物资、文件转移	负责重要物资、文件转移。但情况紧急时，应放弃物资、文件转移，及时撤离	贾 ××、邓 ××
	5.人员疏散、清点	在门口、楼梯口等重要处所指挥人员疏散到安全集中地集合，清点人数后向上级报告	刘 ××、李 ××

以上给出的只是职责分担表，日常的点检表、紧急状态时的反应措施会有更详细的描述，在此不再一一列出。另外，车间的消防器材分布图、逃生路线图、紧急情况联络图等都应当张贴在显要的位置，以便员工周知。

只有让每一位员工都参与到实际的安全管理工作中去，他们的安全知识和安全技能才能得到有效提高，安全意识也就自然而然地树立起来。优秀的班组长还应按一定时间针对安全责任在员工中进行轮换，以使得员工的安全技能得到全面提高。

2. 自我管理

自我管理就是要求每个员工都充分发挥自己的主观能动性和创造精神，追求实现自己的目标，独立、自主地开展活动，抓紧落实、实现所制定的对策措施。

3. 实施监督检查

要实行必要的监督检查，通过监督检查，对项目实施中好的典型加以表扬和宣传；对偏离既定目标的情况要及时指出和纠正；对项目实施中遇到的困难要采取措施给予关心和帮助。

4. 建立健全信息管理系统，便于上下交流

建立健全信息管理系统，以使上情能及时下达、下情能及时地上传（图4-2），从

而使上级能及时有效地对下属进行指导和控制，也便于下属能及时掌握不断变化的情况，及时做出判断和采取对策，实现自我管理和自我控制。

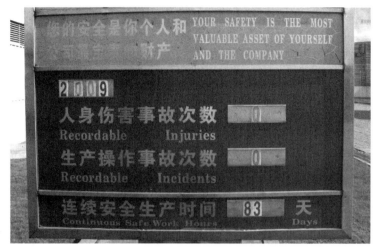

图 4-2　将安全目标的实施效果进行展示

5. 遵守工厂的时间安排

班组长在致力于安全目标的实施时，要遵守工厂在安全管理方面的时间安排。

（1）安全教育。每月由车间管理人员对本车间全体员工进行一次综合安全教育，时间不得少于一小时。每周由班组长对班组成员进行一次安全教育，时间不得少于半小时。应有专门的安全宣传阵地，宣传内容每月应更换两次。

（2）安全检查。如每天应有一名车间管理人员上岗进行安全巡查。

（3）整改不安全因素。可以规定根据安全主管部门下达的整改计划，其完成率不得低于90%。安全主管部门每月应专门组织三次违章检查，每次检查车间的违章率应为零。

（4）管理安全控制点。包括制度无漏洞、检查无差错、设备无故障、人员无违章。

（5）安全评比。如每月组织安全评比活动，评出安全优胜班组。

三、全员树立安全意识

有调查显示，事故的人为因素中，安全意识占到90%多，而安全技术水平所占比例不到10%。企业界的安全培训，90%的精力用在占10%比重的安全技术水平上，只有不到10%的精力用在占90%比重的安全意识上。所以，班组长必须具有强烈的安全意识，并不断对员工进行安全意识的培养。

安全意识是安全工作的基础。班组要想保证安全生产，就需要多方面因素的支持做保证。在影响班组安全工作的诸多因素中，班组成员的安全意识最关键，其往往对班组成员的安全责任心与安全行为起着直接支配的作用。如图4-3所示为某企业的安全宣传标语。

图 4-3　某企业的安全宣传标语

（一）必须树立的安全意识

1. 你的平安是对家人最好的关爱

在进行安全意识培训时可以隐去管理者的身影，让亲人取而代之，去唤醒操作者的安全意识，这就是著名的"葛麦斯安全法则"，如图 4-4 所示。

人生最大的不幸莫过于幼年丧父、中年丧夫、老年丧子，而事故是造成人生三大不幸的罪魁祸首，所以，在上班时一定要谨记"三莫忘"。

> **上班"三莫忘"**
>
> 第一莫忘子女的祝福
> 第二莫忘妻子的心愿
> 第三莫忘父母的期盼

你的平安是对家人最好的爱

——葛麦斯安全法则

图 4-4　你的平安是对家人最好的关爱

2. 学会安全，才能更好生活

安全培训是企业给员工的最大福利，通过学习可以让员工知道，什么危险，哪里不能碰，何处最安全；通过学习让员工知道，哪些可以做，哪些不能做，怎么做才安全。

通过学习可以让员工知道事故的后果，知道制度规章后面的斑斑血迹，知道操作数据背后的真正含义。学习有两种，一种是从自己的经验中学习，另外一种是从别人的经验中学习。在安全工作中，从自己的经验中学习是痛苦的，因为要付出惨痛的代价；从别人的经验中学习是幸福的，别人用血泪告诉我们真理所在。

安全学习认认真真，工作就能踏踏实实，生活才会实实在在。

3. 不伤害自己，不伤害他人，不被他人伤害

"三不伤害"（图4-5和图4-6）几乎涵盖了各岗位员工所应遵守的现场安全管理规章所有的内容。三令五申劳保着装，就是为了不伤害自己；为了不伤害自己，就必须正确佩戴劳保用品；禁止擅自移动、损坏、拆除安全设施和安全标志，就是为了不让你的这一行为给别人带来伤害。各岗位的员工要积极开展危害辨识，查找隐患，以保证不让别人留下的错误伤害到自己。

 这是我们工作中必须做到的最低标准。一是意识上不伤害自己，二是技能上不伤害自己，三是行为上不伤害自己

 这是最起码的职业道德。害人就是害己，害人必然害己，肇事者难逃处罚，要么是法规制度的制裁，要么是事故扩大连带的伤害

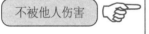 这是难以做到而又必须做到的职业规范。提高自我防范意识，是"不被他人伤害"最关键的一条。违章指挥不要听从，别人失误时要帮助改正，有安全经验要共同分享，从而保护自己免受伤害

图4-5 "三不伤害"原则

图4-6 某公司的"三不伤害"保证书

4.安全连着你我他，防范事故靠大家——互联互保

互联互保是为了安全而建立起来的像伙伴一样的互助关系。员工与员工之间合作共生，利益共享。合作创造价值，互助保证安全。互联互保机制内容：一是自保，二是互保，三是联保安全互联互保。员工应该怎样做？第一要自保，第二要真诚，第三要互助。如图4-7所示为互联互保宣传画。

图4-7　互联互保宣传画

5.操作之时顾左右，相互要提醒

安全伙伴最大的义务：经验分享是需要，相互监督是必要。最能做到的是关照和提醒，最该做好的是提醒和关照安全伙伴。

第一，调整心态。只要是善意的提醒，我们都应该接受。

第二，善用提醒。改变生硬的管理方法，把提醒用于现场安全的全过程。

有一种安全检查方式叫询问，还有一种安全管理方式叫请教。询问和请教，实质就是提醒。五步追究法，一般通过问五次"为什么"，就可以发现病根并找出对策。通过询问提醒员工思考问题，比先入为主的一通批评，更有助于问题的解决。

第三，提醒安全，提醒别人，也不要忘了提醒自己。要记住自己安全自己管，依靠别人不保险。

6.只要上岗，集中思想；工作再忙，安全勿忘

设备好不如态度好，态度好才是真的好。管理措施再严格，如果员工手忙脚乱，也会滋生祸端。如果员工做事没有章法，或者不按章法，一忙就容易乱，所以才叫"忙乱"。那怎样不乱呢？

第一，做好准备，熟悉预案，避免手忙脚乱。

第二，严守程序，绝不逾越，杜绝乱中出错。

第三，使用防呆法，避免出错。所谓防呆法，意思是就是呆子也不会做错。比如计算机连接线很多，每个插槽都不一样，插错了就插不进去，这样就可以避免插错。

7. 岗位危害我识别，我的安全我负责

人人都要重视危害识别，因为不识别危害，最终可能会被危险所害。班组长要激发员工善于学习，掌握工具使用方法，具备发现危害的能力。

其一，要知道危害辨识必须问的三个问题。

（1）存在什么危险源？

（2）伤害怎样发生？

（3）谁会受到伤害？

其二，要会使用危害识别的基本方法。员工参加安全活动时，应熟悉企业发放的各种危害识别表格，会使用、会正确填报。

其三，要掌握原材料特性和设备工作原理。对各种异常情况，员工能够根据工作原理做出正确判断。

其四，时时处处识别危害，不给隐患以可乘之机。时间上要做到全过程。全过程识别包括三个时间段：作业前，要根据作业任务进行全面识别，进行事故预想，按照流程进行巡回检查，做好应急准备。作业中，要兼顾生产和安全的关系，不放松警惕，不麻痹大意，不放过任何一个疑点。作业后，要仔细检查，不给接班人员或者自己第二天的工作留下隐患。

8. 放过隐患，必有后患

中医有三种境界："上医治未病，中医治欲病，下医治已病。"就安全工作来讲，事故预防是第一位的。事前百分之一的预防，胜过事后百分之九十九的整改。

隐患治理是安全工作拖延不得的大事。发现隐患，当即就要采取行动。不能立即消除或者不能独立消除的，必须向上级报告，但不能坐等上级解决，因为很有可能在等待的过程中事故就发生了，所以，必须立即采取切实可行的补救措施，然后才可以按程序解决根本问题。

9. 规章制度血写成，不要用血来验证

员工对待制度和规程的态度：一是要知道敬畏；二是要懂得感恩。用感激的心情对待那些为制度诞生付出了沉重代价的人们。这些前辈，在制度不完善的情况下，用自己生命健康为代价，完成了一次探险，不要让他们的故事在自己身上重演。

10. 习惯性违章，不能习惯性不管

习惯决定安全。好习惯让人一生平安，坏习惯让人祸事连连。习惯性违章：就是不良的作业传统和工作习惯。每个员工都要把"习惯性违章"变成"习惯性反违章"，进而变成习惯性遵章。

（二）提高员工安全意识的方法

1. 加强安全生产的宣传

企业要大力开展安全生产法律法规的宣传教育，营造"安全生产，以人为本"的安全文化氛围，把安全提高到一个全新的高度，通过会议、知识竞赛、技能考核等各种形式学习相关规章制度，通过张贴安全宣传画、标语（图4-8），使全体人员能够认识到安全的重要程度，要使大家认识到，现在的安全生产已经提升到法律的高度，违反安全生产规章制度和操作规程，就是违法行为。

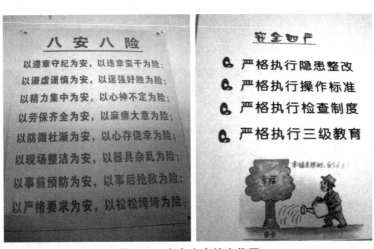

图4-8　安全生产的宣传画

2. 对员工普及安全知识

企业可采取开办安全讲座、张贴安全标语和宣传画等方式向员工传授安全常识（图4-9～图4-11），如安全生产"三不伤害""四不放过""五不干""十条禁令"等以及员工平时怎样提高自我保护等，把一些常用的、实用的安全知识传授给大家，容易被员工理解和接受，对提高安全意识有很好的作用。

图4-9　安全用电知识普及

图 4-10　安全知识挂图

图 4-11　企业消防安全的宣传板

3.加强员工责任意识教育

班组长要克服形式主义、好人主义的思想，对安全生产工作要敢抓敢管，不怕得罪人，加强安全生产督查和检查，真正使安全生产工作严格起来，落实下去。从员工层面上要严格地按照规章制度去作业、去操作，按照安全规定要求完成各项工作。

4.让员工明白自己是安全的最大受益者

不可否认，做好企业的安全工作，企业会受益，然而最大的受益者是员工自己。这一点一定要让员工明白。

首先，企业出了事故，领导一般会被处罚。一是写检查，二是经济处罚，三是行政处分。四是刑事处分。其次，企业出了事故，操作者可能会丢命。而事故的受害者，往往又是事故的责任者，甚至是最大责任者，会受到最重法律处罚。班组长可以在早会上、班前班后会上，甚至是闲聊中，让员工来算算这笔账：丢脸和丢命，谁的损失大。

5.坚持"四不放过"的原则

"四不放过"原则如图4-12所示。

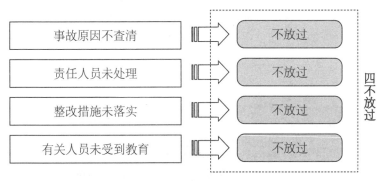

图4-12　"四不放过"原则

在提高员工安全生产意识的教育中，坚持"四不放过"同样能达到遏止事故的目的。

（1）通过"四不放过"可以查清事故发生的原因，事故发生在哪一层、哪一个环节上，是人为造成的还是设备隐患造成的，以便在以后的工作中知道应该怎样做、不应该怎么做，避免事故的再次发生。

（2）通过"四不放过"可以进一步对安全生产工作存在的不足进行整改，没有采取安全防范措施的要立即采取措施，避免事故的发生。

（3）通过"四不放过"可以使事故责任者受到深刻教育，使违章人员从思想深处挖掘自己的过失，知道工作时违反了规程的哪条哪项，为什么会违反，以后在工作中怎样对待安全生产工作，从而提高员工自身的安全生产意识。

（4）坚持"四不放过"，并不单单是为了使违章人受到处罚，而是想告诫违章人员，规程、规定及规章制度是用血的教训写成的，任何人只能无条件地服从，触犯了必将受到严肃处理。这样使事故责任者和他人受到教育，从而进一步提高员工的安全生产的自觉性。

6.让员工明白失去安全等于失去一切

生产安全意外事故虽然是任何人都不期望发生的，但只要一发生，就会给个人、家庭、企业、社会造成直接或间接的损失。严重时，往往会因"疏忽一时"而"痛苦一世"。安全对我们每一个人都相当重要，安全没有了，一切都有可能失去，如图4-13所示。

图4-13　发生了生产事故，可能一切都会失去

四、目视法管理安全

目视法管理安全主要是利用颜色刺激人的视觉，达到警示的目的及作为行动的判断标准（图4-14和图4-15），以起到危险预知的作用。在工厂生产中所发生的灾害或事故，大部分是由于人为的疏忽，因此，有必要追究到底是什么原因导致人为的疏忽，研究如何预防工作疏忽。

图4-14　运用安全标志来警示

图4-15　门上的"推"字及玻璃上的红色条提示安全

（一）安全色

利用安全色是很有必要的一种手段。将安全警示标志贴在需要特别注意的部位。安全色的使用标准，具体如表4-2所示。

表4-2 安全色的使用标准

序号	类别	使用标准说明
1	红色	红色表示禁止、停止和危险的意思。凡是禁止、停止和有危险的器件设备或环境，都应涂以红色的标记
2	黄色	黄色表示警示。警示人们注意的器件、设备或环境，应涂以黄色标志
3	蓝色	蓝色表示指令，必须遵守的规定
4	绿色	绿色表示通行、安全和提供信息的意思。凡是在可以通行或安全的情况下，都应涂以绿色标记
5	红色与白色相间隔的条纹	红色与白色相间隔的条纹，比单独使用红色更为醒目，表示禁止通行、禁止跨越的意思，用于公路、交通等方面所用的防护栏杆及隔离墩
6	黄色与黑色相间隔的条纹	黄色与黑色相间隔的条纹，比单独使用黄色更为醒目，表示特别注意的意思，用于起重吊钩、平板拖车排障器、低管道等方面。相间隔的条纹，两色宽度相等，一般为10毫米。在较小的面积上，其宽度可适当缩小，每种颜色不应少于两条，斜度一般与水平成45度。在设备上的黄、黑条纹，其倾斜方向应以设备的中心线为轴，呈对称形
7	蓝色与白色相间隔的条纹	蓝色与白色相间隔的条纹，比单独使用蓝色更为醒目，表示指示方向，用于交通上的指示性导向标
8	白色	标志中的文字、图形、符号和背景色以及安全通道、交通上的标线用白色。标示线、安全线的宽度不小于60毫米
9	黑色	禁止、警告和公共信息标志中的文字、图形都应该用黑色

（二）安全标志

班组常用的安全标志主要有五种，如图4-16所示。

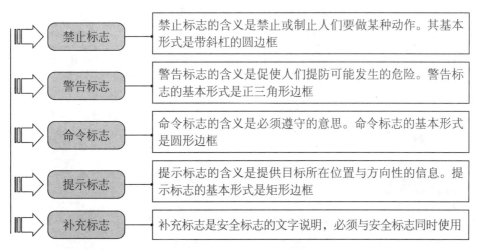

图4-16 班组常用的安全标志

常用安全标志如图 4-17 所示。

禁止烟火
安全标志

禁止吸烟
安全标志

未经许可 不得入内
安全标志

禁止合闸 有人工作
安全标志

禁止钓鱼
安全标志

禁止使用无线通信
安全标志

禁止攀登 高压危险
安全标志

禁止跨越
安全标志

禁止游泳
安全标志

禁止抛物
安全标志

当心触电
安全标志

当心腐蚀
安全标志

当心落水
安全标志

当心电缆
安全标志

当心塌方
安全标志

当心坠落
安全标志

当心坑洞
安全标志

必须戴安全帽
安全标志

必须系安全带
安全标志

必须戴护耳器
安全标志

注意通风
安全标志

必须戴防护眼镜
安全标志

必须穿防护鞋
安全标志

必须穿救生衣
安全标志

必须戴防护帽
安全标志

必须戴防护手套
安全标志

必须戴防尘口罩
安全标志

必须戴防毒面具
安全标志

从此上下
安全标志

在此工作
安全标志

图 4-17　常用安全标志

补充标志与安全标志同时使用时，可以互相连在一起，也可以分开，当横写在标志的下方时，其基本形式是矩形边框；当竖写时则写在标志杆的上部。

（三）安全目视管理的应用实例

1.安全图画与标示

生产作业现场内，有一些地方，如机器运作半径的范围内、高压供电设施的周围、有毒物品的存放场所等，如果不小心的话，很容易发生事故。所以，基于安全上的考虑，这些地方应被规划为禁区。大多数员工知道要远离这些禁区，但时间一长，其警觉性就会降低，意外潜在的发生概率则无形中在增加。所以，一定要采取目视的方式时时予以警示。

（1）在危险地区的外围上，围一道铁栏杆，让人们即使想进入，也无路可走；铁栏杆上最好再标上如"高压危险，请勿走近"的文字警语，如图4-18和图4-19所示。

（2）若没办法架设铁栏杆，可以在危险的部位，漆上代表危险的红漆，让大家警惕。

图4-18　装上围栏

图4-19　防护网、防护栏

2.画上"老虎线"

在某些比较危险但人们又容易疏忽的区域地面上或通道上画上"老虎线"（一条一条黄黑相间的斑纹线），借由人们对老虎的恐惧来提醒员工的注意，告诉员工，现在已经步入工厂"老虎"出没的地区，为了自身的安全，每个人都要多加小心，如图4-20所示。

图 4-20　老虎线

3.限高标志

场地不够用，许多工厂就会动"夹层屋"的脑筋，即向高空发展。因为一般工厂的厂房比普通的建筑物要高出许多，所以这种夹层屋可以说是一种充分利用空间的好方法。

但它本身也会给企业带来一些负面影响，最主要的就是搬运的问题。因为这种夹层屋把厂房的高度截半，所以搬运高度就会受到限制。如果搬运的人没有注意到高度限制的话，很可能会碰撞到夹层屋屋顶。搬运人员最好运用目视的方法注意到高度的限制，如图 4-21 所示。

（1）红线管理。假设厂房内搬运的高度设限为 5 米，在通道旁的墙壁上，从地面向上量至 5 米的地方，画上一条红线，让搬运人员目测判断，其所运送的物品的高度是否超过了 5 米红线。

（2）防撞栏网。在通道上设置防撞栏网，这个网的底部，距离地面的高度是 5 米，当搬运的物品的高度超过 5 米的话，会先碰到这个栏网，但并不会损害到所搬运的物品，

图 4-21　限高 4 米的栏杆

它会发出一个信号，让搬运的人很容易知道物品已超过限高，从而采取相应措施。

4. 易于辨识的急救箱

如果发生事故，需要用到急救箱时，就应该让每个人及时准确地知道它放置的位置。所以，急救箱应放在一个固定、醒目的地方。

一般在急救箱上，有一个很明显的红十字，一般人都知道它的含义，有了这种明确的标志，需要用到它的时候，应该是很容易被大家找到的，如图4-22所示。

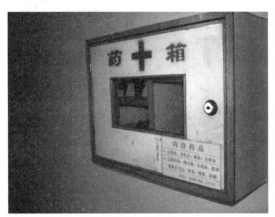

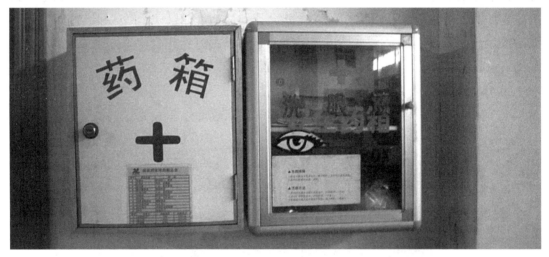

图4-22　急救药箱及责任人员、内存药品清单

5. 对消防器材定位与标示

消火栓、灭火器等消防器材被用到的机会比较小，很容易让人忽视。但需要时，每个人都应知道它的准确位置。所以，应对这些消防器材善加管理，以备不时之需，具体可采用以下目视方法（图4-23～图4-25）。

（1）定位。灭火器等消防器材，要放在一个固定的场所，当意外发生时，人们可以立刻找到灭火器。如灭火器是悬挂于墙壁上的，当灭火器的质量超过 18 千克时，灭火器与地面的距离应低于 1 米；其质量在 18 千克以下时，则其高度不得超过 1.5 米。

（2）标志。工厂内的消防器材常被其他物品遮住，这势必延误取用的时机，所以最好在放置这些消防器材的地方，设立一个较高的标志看板，增加其能见度。

（3）禁区。消防器材前面的通道一定要保持畅通，才不会造成消防器材取用时受到阻碍。所以，为了避免被其他物品占用，在这些消防器材的前面，一定要规划出安全区，而且画上"老虎线"，提醒大家共同遵守安全规则。

（4）放大的操作说明。通常是在非常紧急的时刻才会用到消防器材，这时，人难免会慌乱，而在慌乱的情况之下，恐怕连如何使用这些消防器材都忘了。所以，最好是在放置这些消防器材的墙壁上，贴上一张放大的简易操作步骤说明图供参考。

（5）明示的更药日期。注意灭火器内的药剂是否过期，一定要按时更新，以确保灭火器的有效性。把该灭火器的下一次换药期明确地标示在灭火器上，让所有人共同来监督。

图 4-23　消防器材定位并确保通道畅通

6. 紧急联络电话看板

在非上班时间，若有意外发生，当值人员除了立即报警之外，还要通知企业有关主管，当然，报警及通知都是用电话来联络。

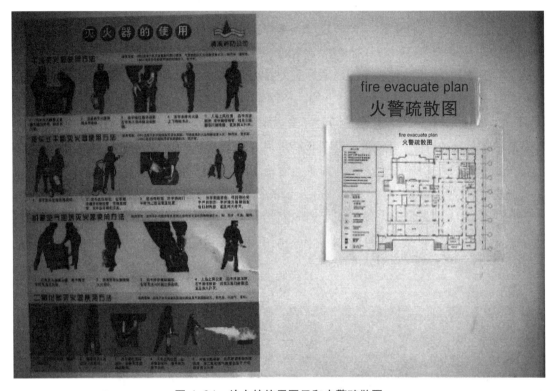

图 4-24　放大的使用图示和火警疏散图

图 4-25　消防器材上有检查登记表和使用说明图

除了"110"及"119"这两个电话号码之外,附近的派出所、电力公司、自来水公司、煤气公司及各相关主管家里的电话号码,都可能会用到。但因为平时很少使用这些号码,所以不容易记住,一旦需要用到它们时,却可能找不到对方的电话号码。所以,在警卫室或值班室内设置一个"紧急联络电话看板",将相关的联络对象的电话号码标示出来,肯定有助于警卫或是值班的人员及时联络,从而提升应对紧急事件的应变能力。

7. 急难抢救顺序看板

当意外事件发生时,相信现场的所有员工都想帮忙,但通常发生这种事件的概率不高,所以,在面对这种必须果断处理的情况时,员工往往会因为缺乏处理的经验,而显得手足无措。

意外事件的处理,往往要争分夺秒,若大家乱了手脚,势必会延误抢救时机。所以不妨在易发生灾害的场所,设置一些"急难抢救顺序看板",让大家在必要时,可以通过看板上的步骤与指示,有一个标准动作可以遵循,从而能在第一时间,减少意外事件的伤害。

第二节 安全管理最优方法

一、开好班前班后会

(一)开好班前会

班前会是各班组在正式上岗前,由班组长主持、班组员工参加,以班组为单位集合召开的工作会议,是对当班安全生产的指导、分析、鼓励、动员,并对当班可能出现的安全危险因素伤害和职业健康危害的预知预警的工作安排会,也是员工了解当前形势和企业生产经营情况的主要途径。

1. 班前安全会的基本要求

(1)在所有班组中,无论是正常交接班,还是安排临时、重大作业前,凡两人以上(含两人)在同一工作场所作业的,必须由班组长(或临时负责人)负责对员工进行班前安全讲话(图4-26)。

(2)每次安全讲话时间要控制在5~8分钟。讲话前,讲话人要结合与本岗位有关各因素,事前做充分的讲话内容准备,最好写好讲话稿,并保留讲话稿。

2. 班前安全会的流程

(1)班前签到。必须要求当班人员在班前15分钟到齐,班组长或指定考勤员组织

图 4-26　班前安全会必不可少

当班人员签到，作为考勤的依据，这一般要求在 3 分钟内完成。

（2）列队、检查仪表及劳保用品的穿戴。

① 由班组长（或其他讲话人）组织员工列队。

② 由班组长（或其他讲话人）目视观察（确认）员工人数、表情（情绪）和劳动保护用品的穿戴情况，如有不符合着装规定的，人数较多的班组，班组长可以让员工相互整理着装；人数较少的班组，如 3 人以下，班组长可以亲自为员工整理着装。

讲师提醒

　　凡精神状态不佳者，班组长均应引起足够的重视，对其的工作安排要有所考虑或另做调整。

（3）传达精神。按照上级要求传达上级会议精神，或者学习某个文件、材料。

（4）安全提示。本班当日作业前安全预测及防范措施，设备在使用中可能出现的隐患及预防措施；提示周边和自然环境、气候变化可能出现的风险及预防措施等。

（5）工作布置。

① 明确本班员工当班的主要工作任务（包括加油、保洁、整理物品、学习）。

② 明确本班员工岗位职责。

③ 明确本班员工在发生或出现突发事故时的分工。

（二）召开班后会

班后会是一天工作结束或告一段落，由班组长主持召开的一次班组会（图4-27）。班后会以讲评的方式，在总结、检查（某种意义上也是一次小的评比）生产任务的同时，总结、检查安全工作，并提出整改意见。班前会是班后会的前提与基础，班后会则是班前会的继续和发展。

1. 班后会的基本要求

（1）必须全员参加，对迟到或未参加班后会的人员，事后要及时补会。

（2）召开时间不要太长，通常为10分钟。

图4-27　班后会（就当班的生产信息等进行有效沟通）

2. 班后会的主要内容

（1）简明扼要地小结完成当天生产任务和执行安全规程的情况，既要肯定好的方面，又要找出存在的问题和不足。

（2）对工作中认真执行规程制度、表现突出的员工进行表扬；对违章指挥、违章作业的员工视情节轻重和造成后果的大小，提出批评或进行考核处罚。

（3）对人员安排、作业（操作）方法、安全事项提出改进意见，对作业（操作）中发生的不安全因素、现象提出防范措施。

（4）要全面、准确地了解实际情况，使总结讲评具有说服力。

（5）注意工作方法，做好"人"的思想工作。以灵活机动的方式，激励员工安全工作的积极性，增强自我保护能力，帮助他们端正态度，克服消极情绪，以达到安全生产的共同目的。

3. 班前班后会安全记录

安全记录是以书面形式记录会议的情况，以便跟踪和了解。不管是班前会还是班后会，都一定要有记录。以下提供两个记录表供参考（表4-3和表4-4）。

表4-3　班前会记录

班组负责人：

班前会时间：	年　月　日　时　分　　　　地点：		
班组负责人：	记录人：		
当日工作任务			
任务现场危害识别			
	备注：①液体；②气体；③温度；④压力；⑤可燃性；⑥腐蚀性；⑦毒性；⑧辐射性；⑨高度；⑩其他（请注明）		
布置安全措施及交代安全注意事项			
	备注： A 清理：A1 氮气置换；A2 空气吹扫；A3 化学清洗；A4 水洗；A5 蒸煮；A6 泄压；A7 排气；A8 排液；A9 其他（请注明）；A10 气体检测合格 B 隔离：B1 双重隔离；B2 双隔断阀；B3 单隔断阀；B4 其他（请注明）；B5 已上锁挂牌 C 液 / 气泄漏的控制设备：C1 抽吸系统；C2 通风系统；C3 安全冲淋；C4 消防设施设备；C5 水管；C6 泄漏收集桶；C7 沙袋；C8 吸油物品；C9 连接火炬；C10 区域隔离或警戒线；C11 其他（请注明） D 个人防护装备：D1 防静电服装；D2 安全帽；D3 安全鞋；D4 手套；D5 安全眼镜；D6 全封闭眼罩；D7 正压式呼吸器；D8 便携式硫化氢报警仪；D9 防毒面罩；D10 安全带；D11 耳罩；D12 化学防护服；D13 其他（请注明）		
班长检查项目			备注
检查衣着劳保	班组人员是否按劳动保护要求着装	是□　否□	
检查健康状况	班组人员身体状况是否良好	是□　否□	

班长检查项目			备注
检查安全工具及防护用品	安全帽是否符合要求	是□ 否□	
	安全带是否符合要求	是□ 否□	
	正压式空气呼吸器是否符合要求（压力、消毒）	是□ 否□	
	便携式硫化氢报警器是否能正常使用	是□ 否□	
	绝缘手套、绝缘鞋是否合格	是□ 否□	
	护目镜（面罩）是否符合要求	是□ 否□	
	其他安全防护用品是否满足要求	是□ 否□	
检查工作环境	工作间是否整洁	是□ 否□	
检查作业工具	检查作业工器具是否符合作业要求	是□ 否□	
班组人员签名			

表4-4 班后会记录

班后会时间：　年　月　日　时　分　　　地点：		
班组负责人：　　　　　　　　　记录人：		
工作完成情况		
当日安全自查情况		备注
1.有无违章指挥现象	有□ 无□	
2.有无违章作业现象	有□ 无□	
3.有无违反现场劳动纪律现象	有□ 无□	
4.有无不懂操作、不会操作现象	有□ 无□	
5.班组人员施工中有无精神、行为上的异常现象	有□ 无□	
6.劳动防护用品有无异常现象	有□ 无□	
7.安全工器具有无异常现象	有□ 无□	
8.施工工器具有无异常现象	有□ 无□	
9.施工工器具有无遗失现象	有□ 无□	
10.作业环境有无异常变化现象	有□ 无□	
11.安全措施是否按工作票执行	有□ 无□	
12.工作过程中监护是否到位	有□ 无□	
13.现场危险点分析是否正确到位	有□ 无□	
14.工作完成是否清理工作现场	有□ 无□	

工作小结	
班组人员签名	

班组负责人：

二、开展班组安全生产巡查

安全生产巡检是指生产过程及安全管理中对可能存在的隐患、有害与危险因素、缺陷等进行查证，以确定隐患或有害与危险因素、缺陷的存在状态，以及它们转化为事故的条件，以便制定整改措施，消除隐患和有害与危险因素，确保生产安全。

（一）为什么需要检查

进行生产的工作场所，原材料在流动，机器在运作，作业者在动作，一切流动和固定的物质以及作业者的状态都在变化。班组长对这些变化，不容易分清的问题是，把异常状态看作正常现象。班组长对这种异常事故或灾害需要及早发现并加以纠正。

工作场所由于人和物不停地动，所以机械设备和工具等，在崭新的时候能够保持正常状态，但随着时间的推移要磨损和老化。因此，对工作场所的人和物的不安全地方及因素，需要随时和定期进行检查及提出来，并加以改进或纠正，这就是安全检查。

（二）班组安全检查的内容

班组安全检查的内容如图 4-28 所示。

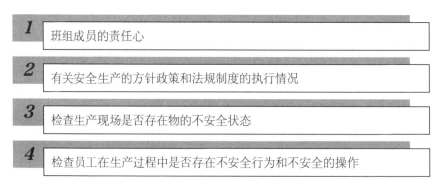

1 班组成员的责任心

2 有关安全生产的方针政策和法规制度的执行情况

3 检查生产现场是否存在物的不安全状态

4 检查员工在生产过程中是否存在不安全行为和不安全的操作

图 4-28　班组安全检查的内容

1.班组成员的责任心

检查班组成员是否树立了"安全第一"的思想，安全责任心是否强，是否掌握了安全操作技能和自觉遵守安全技术操作规程以及各种安全生产制度，对于不安全的行为是否敢于纠正和制止，是否严格遵守劳动纪律，是否做到安全，是否正确、合理穿戴和使用个人防护用品、用具。

2.有关安全生产的方针政策和法规制度的执行情况

检查本班组是否贯彻了国家有关安全生产的方针政策和法规制度，对安全生产工作的认识是否正确，是否建立和执行了班组安全生产责任制，是否贯彻执行了安全生产"五同时"，对伤亡事故是否坚持做到了"四不放过"，特种作业人员是否经过培训、考核，并凭证操作，班组的各项安全规章制度是否建立、健全，并严格贯彻执行。

3.检查生产现场是否存在物的不安全状态

（1）检查设备的安全防护装置是否良好。防护罩、防护栏（网）、保险装置、联锁装置、指示报警装置等是否齐全、灵敏有效，接地（接零）是否完好。

（2）检查设备、设施、工具、附件是否有缺陷。制动装置是否有效，安全间距是否符合要求，机械强度、电气线路是否老化、破损，超重吊具与绳索是否符合安全规范要求，设备是否带"病"运转和超负荷运转。

（3）检查易燃易爆物品和剧毒物品的储存、运输、发放和使用情况，是否严格执行了制度，通风、照明、防火等是否符合安全要求。

（4）检查生产作业场所和施工现场有哪些不安全因素。有无安全出口，登高扶梯、平台是否符合安全标准，产品的堆放、工具的摆放、设备的安全距离、操作者安全活动范围、电气线路的走向和距离是否符合安全要求，危险区域是否有护栏和明显标志等。

4.检查员工在生产过程中是否存在不安全行为和不安全的操作

不安全行为和不安全操作的检查内容如图4-29所示。

检查有无忽视安全技术操作规程的现象

比如，操作无依据、没有安全指令、人为地损坏安全装置或弃之不用，冒险进入危险场所，对运转中的机械装置进行注油、检查、修理、焊接和清扫等

检查有无违反劳动纪律的现象

比如，在工作时间开玩笑、打闹、精神不集中、脱岗、睡岗、串岗；滥用机械设备或车辆等

检查日常生产中有无误操作、误处理的现象

比如，在运输、起重、修理等作业时信号不清、警报不鸣；对重物、高温、高压、易燃、易爆物品等做了错误处理；使用了有缺陷的工具、器具、起重设备、车辆等

检查个人劳动防护用品的穿戴和使用情况

比如，进入工作现场是否正确穿戴防护服、帽、鞋、面具、眼镜、手套、口罩、安全带等；电工、电焊工等电气操作者是否穿戴过期绝缘防护用品、使用超期防毒面具等

图4-29　不安全行为和不安全操作的检查内容

（三）班组安全检查表

企业都有各种安全检查表，但在班组建立起安全检查表制度的还为数不多。为了安全检查能有效实施，在班组内应当有一定格式和内容的安全检查表。

通常情况下，安全检查表中应包括检查项目或检查点、检查标准、检查结果、处理情况、检查人和检查日期。这些表格中的项目都比较好理解，班组长可结合实际情况从这些方面考虑确定安全检查表的格式，然后实施。以下提供三份班组安检查表供参考。

1.班组安全生产日常检查表（表4-5）

表4-5　班组安全生产日常检查表

检查内容	_日		_日		_日		_日		_日		_日		_日	
	上午	下午	上午	下午	上午	下午	上午	下午	上午	下午	上午	下午	上午	下午
机械操作员是否违反操作规程														
机械危险部位是否有安全防护装置														
机械防护装置是否安全有效														
机械设备是否有操作规程标志														
员工是否按要求佩戴防护用品														
员工是否按要求着装														
员工是否把饮食物品带入车间														
货物摆放是否整齐、平稳、不超高														
货物是否堵塞灭火器材和信道														
工作台电线、插头是否有裸露、脱落														
测试仪是否有绝缘防护														
员工工位是否被货物或台凳堵塞														
车间照明、通风、温度是否正常														
电源线路、开关掣是否正常														
危险品是否贴有中文标志														
是否用有盖压力瓶装危险液体														
危险品是否远离火源、热源														
岗位上是否放有过量的危险品														
电烙铁、风筒是否符合安全要求														
员工是否经过岗位安全培训														
员工是否违反工作纪律														

续表

说明：
请根据检查情况在"结果"栏内打"√"或"×"，有问题及时整改，并做好记录，如无法整改，要立即向部门主管报告，直到问题解决为止。

班组负责人：_____　　　　　_____部_____组

检查人：_____　　　　部门安全员：_____

2. 班组日常安全检查表（表4-6）

表4-6　班组日常安全检查表

年　月　日（星期　）

序号		检查内容	检查结果		检查问题记录	检查备注情况
			白班	夜班		
班前检查（上班时检查并填写记录）	1	员工是否正确穿戴劳动保护用品				
	2	员工无酒后上班，精神状态良好				
	3	环境安全、卫生，通道畅通				
	4	设备安全联锁、防护、信号、仪表监测、电气线路安全有效				
	5	设备润滑情况达到规定。紧固件、螺栓无松动				
	6	设备试运转正常完好、无异常				
	7	易燃易爆物按规定存储放置，场所安全无危险				
	8	各类工装、工具、废品、废料等物品按要求分类整齐摆放且稳妥安全				
班中检查（工作中发现问题，完工时填写）	9	员工正确操作和使用工装、工具、设备、防护用具（品），无违反操作规程或野蛮操作以及不安全行为				
	10	员工无串岗或其他违反劳动纪律现象				
	11	生产场所及周围环境无不安全因素或状态，各类工装、工具、废品、废料等物品按要求分类，整齐排放				
	12	设备运行正常，设备不超温、超压、超负荷运转				
	13	设备无震动、异响、异味情况，无跑、冒、滴、漏现象				
	14	特种作业人员必须持证上岗				

序号		检查内容	检查结果		检查问题记录	检查备注情况
			白班	夜班		
班后检查（交班下班时填写）	15	下班时必须做好交接工作，不留安全隐患				
	16	设备无损伤，部件完好无缺失；安全防护装置完好				
	17	按工作要求做好设备、场地清洁，分类摆放整齐各类物品，环境安全				
	18	是否关好门窗				
安全隐患上报		发现何种自行整改不了的安全隐患？是否已上报部门安全员				上报给了：
检查人		白班：		夜班：		
备注		无问题，在检查结果栏内打"√"；有问题，在检查结果栏打"×"，在检查问题记录中写明，并进行整改，在整改情况备注栏中写明整改完成情况，不能自行整改的，当班班组长立即上报部门安全员				

3. 班组安全检查表（表4-7）

表4-7　班组安全检查表

班组名称：　　　　　　　　检查人：　　　　　　　　　　年　月　日

检查项目	检查内容	检查情况	整改措施	整改时间	责任人	验收人	备注
班前	正确使用劳护用品（具）						
	设备设施的护件和护罩齐全、可靠，设备设施各系统良好、正常，无漏电和漏气现象						
	安全通道保持畅通、整洁						
班中	严格遵守安全操作规程						
	无"三违"（违章指挥、违章作业、违反劳动纪律）现象发生						
班后	关闭水、电、气源及设备设施系统						
	刀头、刀架退到安全区域；各类刀、量、辅、夹具按规定摆放到规定位置						
	对设备设施各部位进行维护保养；作业环境保持清洁卫生						

注：符合项，填"√"；不符合项，需对查出的问题或隐患列出整改措施和时间。

三、预防操作者人为失误

人为失误是指操作人员不能按规定的精度、时间和顺序完成规定的操作，从而导致机器、设备和系统损坏或运行过程中断。也可以说是由于操作人员的错误决策和行为，导致系统出现故障、效率降低或性能受损。

（一）分析操作者人为失误原因

（1）未注意。

（2）疲劳。

（3）未注意到重要的迹象。

（4）操作者安装了不准确的控制器。

（5）在不准确的时刻开启控制器。

（6）识读仪表错误。

（7）错误使用控制器。

（8）因振动等干扰而心情不畅。

（9）未在仪表出错时及时采取行动。

（10）未按规定的程序进行操作。

（11）因干扰未能正确理解指导书。

（二）采取预防措施

未注意和疲劳是操作者失误的两个重要原因。

预防未注意的措施主要是在重要位置安装引起注意的设备、提供愉快的工作环境以及在各步之间避免中断等。类似地，预防疲劳主要是采取排除或减少难受的姿势、集中注意的连续时间、对环境的应激及过重的心理负担等措施。

（1）通过利用听觉或视觉的方式帮助操作者注意某些问题以避免漏掉某些重要迹象。同时，通过使用这些特定的控制设备可以避免某些不准确的控制装置所造成的问题。

（2）为了避免在不正确的时刻开启控制器，在某些关键工序的交接处提供补救性措施是必要的。同时，应保证功能控制器安放在适当的位置，以便使用。

（3）为预防误读仪表，有必要消除清晰度方面以及仪表位置不当等的问题。避免连续能量的输入、关键控制器的类似及控制表格难以理解等都可有效地预防控制器方面的错误。

（4）使用噪声消减设备及振动隔离器可有效克服因噪声和振动造成的操作者失误。

（5）综合使用各种手段保证各仪器发挥适当功能并提供一定的测验及标准程序，诸如未对出错仪表做出及时反应等人为失误便可克服。

（6）避免太久、太慢或太快等程序的出现便可以预防操作者未能按规定程序进行操作的失误。

（7）因干扰问题不能正确理解指导书时，通过隔离操作者和噪声，或排除干扰源便可克服。

第三节　安全管理注意事项

一、关注员工的状况

关注员工的状况是指在工作过程中要注意观察员工，确定员工是否有身体不好、身心疲劳的现象。因为事故、灾害发生的原因之一，是由于员工身体状况不良，或超时作业所引起的身心疲劳，导致员工的精神无法集中在工作上，此时也是事故最容易发生的时刻。

班组长在安排作业时，一定要多加考虑员工的状况，千万不可为了赶工，而无理地要求员工做超时的作业，这是很危险的行为；员工在追求高效率作业时，也要适时地调整自己的身体状况，不可以在企业安排的休养时间，做过度刺激的娱乐活动，这样不但失去其意义，而且会降低工作效率，甚至可能引发事故。

最近车间的人都注意到女工唐×的工作状态很差，经常心不在焉，好像心事重重的。她若再继续这样下去的话，不但严重影响整条流水线的生产效率，还可能因为她的一时疏忽导致意外的发生。这天早晨，罗×实在是忍不住，问道："唐姐，你怎么啦？我看你这段时间好像有心事？""哦！没什么，只是家里有点事。我父亲生病在床，这几天还有吐血现象，这几天我夜里睡不好。家里只有我这份收入，如果我在家照顾他的话就没钱治病；如果继续工作，我又放心不下。""唐姐，那你可要小心啦，要不你去打包那边吧，那边的活轻松一点，你这里我来帮你做。""不行，班长肯定不让的，他这人你又不是不知道！"正说着，班长赵×过来了，"你们俩在说什么呢？我说唐×，你这些天干活总是心不在焉的，这会儿该干活的时候你又在这里闲聊，我说你们女同志啊，怎么总是要我盯着才干活呢？罗×，你也赶快回到你的位置上去，没事少在这里交头接耳的。"唐×含泪低头继续干活，一见她这样，罗×也不敢再吱声，回到自己的工位上接着做。

当天晚上，唐×与同事一起操作滚筒烘干机进行烘干作业。她在向烘干机放料时，被旋转的联轴节刮住裤脚口摔倒在地。待旁边的同事罗×听到呼救声后，马上关闭电源让设备停转下来，才使唐×脱险，但她的腿部已严重擦伤。

安全生产工作从某种意义上说，是关心人的工作。在生产过程中员工要做到互相关心、互相帮助，才能避免事故发生，对那些性格内向或孤僻的人，班组长应主动接近他们、关心他们、帮助他们，以情感人，增强团结。对班组成员在作业中的情绪尤其要加以注意，不良情绪往往是事故的肇因。通常来说，班组长要留意以下事项。

（1）员工对作业是否持有轻视的态度？

（2）员工对作业是否持有开玩笑的态度？

（3）员工对上司的命令与指导是否持有反抗的态度？

（4）员工是否有与同事发生不和的现象？

（5）员工是否在作业时有睡眠不足的情形？

（6）员工身心是否有疲劳的现象？

（7）员工手、足的动作是否经常维持正常状况？

（8）员工是否经常有轻微感冒或身体不适的情形？

（9）员工对作业的联系与作业报告是否有怠慢的情形发生？

（10）员工是否有心理不平衡或担心的地方？

（11）员工是否有穿着不整洁的作业制服与违反公司规定的事项？

（12）其他问题。

二、督导员工严格执行安全操作规程

安全操作规程是为了保证安全生产而制定的，是操作者必须遵守的操作活动规则。安全操作规程是前人在生产实践中摸索得来的，甚至是用鲜血换来的经验教训，它集中反映了生产的客观规律，因此，对于安全操作规程必须认真执行，不能随意违反和破坏，否则，就会发生安全事故，受到客观规律的惩罚。

自从前几次活动之后，班长陈×和王×、李×之间的距离拉近了不少，他们开始喜欢和陈×谈心，而且工作积极性越来越高了。"班长，我发现那个冷凝器这些天好像一直在漏油，要不这两天我和李×一起去把它给焊一下？"周末快要下班时，王×向班长陈×主动请缨。"好啊，难得你们想到了。不过电焊时对周围的条件是有要求的，你要找安全部门开张动火票才可以动手去做。""明天就是周末了，我刚才看到安全部门的经理已经出去了，要不我们就先焊了吧，等下个星期回来再补动火票不就行了。这样把冷凝器补好了，也不耽误生产部下个星期的生产，还省得他们老是催。""这样啊，那你们一定要小心，注意安全。做之前要按照动火票上的要求全部检查，符合条件之后才可以开始，一定要记住！""你就放心去休假吧，我们一定做好。"王×和李×笑着说。看到他们这么努力，陈×打心底里高兴，哼着歌下班回家了。"班长走了，我们来检查一下吧。明天好加班干活儿。""李×，你就别折腾了，我们上次不也是这样吗，还有什么好检查的。你真是！走走走，吃饭去。"

第二天，两人在烧焊时，未按操作规程要求在烧焊区域先泼水形成隔离带，也未准备灭火器在旁以备不时之需。由于溅出的火星将冷凝器中的漏油燃烧起来，后又因在烧焊的地方两人没有按要求准备灭火器，且两人在情急之下又未能正确使用其他灭火器，以致在压力过大的情况下消防水管爆裂，无法灭火。结果火势很快上升，在很短的时间内燃烧到周围的锅炉房外的冷却水塔（内有易燃材料），将整个冷却水塔烧穿，造成经济损失 20 万元以上。这件事情不但让他们自己遭到公司的除名，还连累了他们敬爱的班长陈×。

企业为了贯彻安全生产的方针和政策，以确保员工的生产安全和身体健康的需要，制定出一套符合安全要求的操作规程，在投入生产过程中去指导操作，通过一定时间的实践修改和补充，以使安全操作规程更趋完善，明确了安全操作规程，最关键的问题是用什么样的态度去实践呢？一般会出现两种情况：一种是了解规程，依然我行我素，不吸取教训；另一种是严格遵守，自觉执行。大家一定要倡导后者，那么如何才能做到严格遵守和认真执行呢？

（一）在操作过程中要保持精力集中

人的操作动作不仅要通过大脑的思考，还要受心理状态的支配，如果心理状态不正常，自然精力也不会高度集中，在操作过程中就会出现操作方法不当而发生事故。为此，要求操作人员一定要始终保持精力旺盛、情绪饱满，热爱本职工作，做到兴趣浓厚，要有高度责任心，做到能确保安全，要仔细观察和思考判断，从而保持清醒的头脑去操作，要理智地控制自己的情绪，避免外来因素的干扰而分散注意力等。

（二）在操作中要认真做到文明操作

文明操作是确保安全操作的重要组成部分，做到明确任务要求，熟悉所需原料性质，检查设备及其防护装置有无异常现象，排除设备周围的阻碍物品，力求做到准备充分，避免中途分散注意力。保持生产现场的秩序井然，遵守劳动纪律，不得中途擅离岗位而让设备运转，不得一边操作一边做其他的事，更不得让不懂操作的人员操作。

操作中出现突发情况，也是正常现象，千万不能过分紧张和急躁，一定要冷静对待和善于处理，才不会酿成操作差错而产生事故，须杜绝麻痹、侥幸、对不安全因素熟视无睹，要让每个人都能从自身做起，把安全放在第一位，真正做到高高兴兴上班来，平平安安回家去。

三、监督员工严格遵守作业标准

作业标准是为了保证在规定的成本、规定的时间内，安全地、保质保量地完成产品所制定的方法。

经验证明，绝大多数的安全事故与违章操作有关。因此，严格要求员工遵守标准是避免安全事故发生的一个有效手段。在制定操作标准的过程中，已经充分地考虑了安全方面的因素，违章操作很可能导致安全事故发生。

"彭××，来加工一下这几个配件，我下午过来拿。你看过标准作业指导书了吧? 有没有什么不会的地方? 就挂在那里，不会的地方随时再认真看看。"班长陈×拿着几个配件过来交给彭××。"看过了，挺明白的。"不一会，他就压好了两个了。这一个比之前的两个厚一些，彭××看也不看，掂了一下，也不抬高矫正机头换用厚尺寸的压铁，直接就将一块长300毫米、厚60毫米的铁件往机头里面送去。只伸进30毫米时，便磕到机头上了，顿时垫铁和被压件同时被压偏挤飞，垫铁将彭××的眼部击伤。

作业标准是前人经验与智慧的结晶（图4-30和图4-31）。然而，作业人员往往会轻视每天周而复始的作业标准，由此就会形成事故的萌芽。

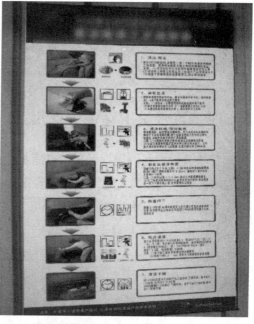

图4-30　油压机的操作规程及参数要求看板

图 4-31　各工序的操作标准上墙

　　这种情形好比开车时超车一样。当你想超车时，往往会忽视速度限制（就是为确保行车安全所设的速度标准），结果撞车事故就会不断发生。

　　同样的道理，在作业场所之内，如果不严格遵守作业标准，纵然一时未发生伤亡事故，但终究存在事故隐患。所以，对于任何作业标准，员工都要认真遵守。

　　对于班组长而言，要现场指导跟踪确认。做什么？如何做？重点在哪里？班组长应该对他的组员传授到位。仅教会还不行，还要跟进确认一段时间，看看组员是否真会，结果是否稳定，这就是一个操作标准。如果只是口头交代，甚至没有去跟踪的话，那这种标准执行起来也是不会成功的。如日本有一首民谣："没说的，我不知道。说过的，我起码记得。做过的，才是我的本领。"

四、监督员工穿戴劳保用品

　　劳动保护用品，是指保护劳动者在生产过程中的人身安全与健康所必备的一种防御性装备，对于减少职业危害起着相当重要的作用。

　　劳保用品的最大作用就是保护员工在工作过程中免受伤害或者防止形成职业病。但实际生产中因为员工对此意义理解不够，认为劳保用品碍手碍脚，是妨碍工作的累赘。这样，就要求班组长持续不断地加强教育，严格要求，使之形成习惯，绝不能视而不见。

　　某纺织厂有个规定，试车的时候不能戴手套。李×是厂里的老员工，多次被厂里评为优秀员工，有很丰富的工作经验。也许正是这些经验让这位德高望重的老员工存在一种侥幸的心理，经常在试车的时候违规戴手套。碍于情面，班长赵×也不好说他什么，就私下叫王×去提醒他注意一些。王×刚说完，李×满不在乎地说："放心吧，不会有什么问题的。我吃的盐比你吃的饭还多呢！"

结果，手套绞入了机器里面，把手也带了进去，随之，一幕惨剧发生了，鲜红的血洒了一地。也许正是这丰富的工作经验让他存有一定的侥幸心理，认为自己不会出事，事故离他很远。

（一）劳动防护用品的种类

劳动防护用品在预防职业危害的综合措施中，属于第一级预防部分，当劳动条件尚不能从设备上改善时，它还是主要防护手段。在某些情况下，如发生中毒事故或设备检修时，合理使用劳保用品，可起到重要的防护作用。

劳动防护用品按照防护部位分为十类，如表4-8所示。

表4-8 劳动防护用品的分类

序号	类别	作用
1	安全帽类	用于保护头部，是防撞击、挤压伤害的护具（图4-32）。主要有塑料、橡胶、玻璃、胶纸、防寒和竹藤安全帽
2	呼吸护具类	是预防肺尘埃沉着病和其他职业病的重要防护品。按用途分为防尘、防毒、供氧三类，按作用原理分为过滤式、隔绝式两类
3	眼防护具	用以保护作业人员的眼睛、面部，防止外来伤害。分为焊接用眼防护具、炉窑用眼防护具、防冲击眼防护具、微波防护具、激光防护镜以及防X射线、防化学、防尘等眼防护具
4	听力护具	长期在90分贝（A）以上或短时在115分贝（A）以上环境中工作时应使用听力护具（图4-33）。听力护具有耳塞、耳罩和帽盔三类；听力保护系列产品有：低压发泡型带线耳塞、宝塔型带线耳塞、带线耳塞、圣诞树型耳塞、圣诞树型带线耳塞、带线型耳塞、经济型挂安全帽式耳罩、轻质耳罩、防护耳罩
5	防护鞋	用于保护足部免受伤害。目前主要产品有防砸、绝缘、防静电、耐酸碱、耐油、防滑鞋等
6	防护手套	用于手部保护，主要有耐酸碱手套、电工绝缘手套、电焊手套、防X射线手套等
7	防护服	用于保护员工免受劳动环境中的物理、化学因素的伤害。防护服分为特殊防护服和一般作业服两类
8	防坠落护具	用于防止坠落事故发生。主要有安全带、安全绳和安全网
9	护肤用品	用于外露皮肤的保护。分为护肤膏和洗涤剂
10	面罩面屏	用于脸部的保护。有防护屏、防护面屏、焊接头盔等

图 4-32　安全帽是头部保护的必备用品

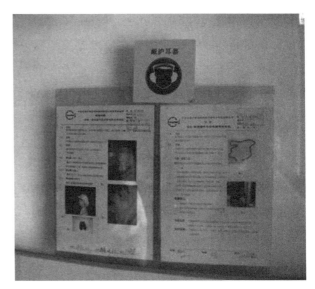

图 4-33　在噪声严重的作业区配备护耳器

（二）监督并教育员工按照使用要求佩戴和使用

某煤机厂员工小刘正在摇臂钻床上进行钻孔作业。测量零件时，小刘没有关停钻床，只是把摇臂推到一边，就用戴手套的手去搬动工件，这时，飞速旋转的钻头猛地绞住了小刘的手套，强大的力量拽着小刘的手臂往钻头上缠绕。小刘一边喊叫，一边拼命挣扎，等其他工友听到喊声关掉钻床，小刘的手套、工作服已被撕烂，右手小指也被绞断。

从上面的例子可以看到，劳保用品也不能随便使用，操作旋转机械最忌戴手套。所以，班组长一定要监督并教育班组成员按照使用要求佩戴和使用劳保用品（图 4-34 和图 4-35）。在佩戴和使用劳保用品时，要防止发生以下情况。

（1）从事高空作业的人员，不系好安全带发生坠落。

（2）从事电工作业（或手持电动工具）不穿绝缘鞋发生触电。

（3）在车间或工地不按要求穿工作服，或虽穿工作服但穿着不整齐，敞着前襟，不系袖口等，造成机械缠绕。

（4）长发不盘入工作帽中，造成长发被机械卷入。

（5）不正确戴手套。有的该戴的不戴，造成手的烫伤、刺破等伤害；有的不该戴的而戴了，造成卷住手套带进手去，甚至连胳膊也带进去的伤害事故。

（6）不及时佩戴适当的护目镜和面罩，使面部和眼睛受到飞溅物伤害或灼伤，或受强光刺激，造成视力伤害。

（7）不正确戴安全帽。当发生物体坠落或头部受撞击时，造成伤害事故。

（8）在工作场所不按规定穿劳保皮鞋，造成脚部伤害。

（9）不能正确选择和使用各类口罩、面具，不会熟练使用防毒护品，造成中毒伤害。

图4-34　焊接时有眼镜、口罩、手套等保护

图4-35　戴好防护口罩、手套

五、做好交接班工作

交接班是指在倒班作业中，作业人员进行工作的移交和接替，以保证生产过程的连续性。

在倒班作业中，作业人员应每天及时做好交接班工作。上一班的班组长应将班中的生产情况、设备状况、安全隐患等信息正确传达给下一班的班组长，以便使下一班的班组长正确掌握情况，避免出现上一班的隐患而未做整改，造成下一班操作失误而酿成事故。

（一）交接班的内容

（1）交班人向下一班交代清楚当班的简要情况及下一班应该注意的问题。

（2）交班人交代清楚现场环境的安全情况。

（3）交班人交代本班设备及其他需要特别注意的问题。

（4）交班人要确认接班人清楚所交代的情况，且无遗漏事项后，做好当班记录和交接班记录。

（5）班组开好班后安全小结会，评议本班安全生产情况。

（6）接班人认真检查环境、设备情况和上一班运行记录，确认正常后方可开始作业。

（7）接班人作业前，对设备进行试运行，以确认安全。

（二）交班要求

（1）交接班时间通常为15分钟。

（2）交接前，上一班必须将生产指标控制在规定范围内，消除异常情况。

（3）交接班记录填写齐全，将各种生产指标、计划完成情况、设施设备情况、事故异常情况、需要接班人员注意的情况都填写在表格内。

（4）交接前保证岗位卫生清洁，工具齐全，为下一生产班组做好生产准备工作。

（5）交班人向接班人员详细解释交接班记录，并指出重点。

（6）在图 4-36 所示情况不可交班、不可离开。

三不交班

· 出现事故未处理完不交班，否则接班人员不能及时排除故障，设备带病作业
· 接班人员未到岗不交班，否则形成空岗
· 接班人员没有在交接班记录上签字不交班，否则发生问题责任分不清

二不离开

· 班后总结会不开不离开
· 事故分析会未开完不离开

图 4-36　不可交班、不可离开的情形

（三）接班要求

（1）接班人员应提前 10 分钟到岗，留出交接时间，保证交班人员准时下班。

（2）听取交班人员解释交接班记录，检查上岗前的准备情况，各个岗位的人员要将检查情况汇总到班组长处。在交接班记录上签字，以示交接职责。三种情况不可以接班，如图 4-37 所示。

三不接班

· 岗位检查不合格暂时不接班，与交班人员一起解决问题
· 出现事故未处理完不接班
· 交班人员不在现场不接班，在准备作业的同时，等候领导的安排

图 4-37　三不接班的情形

（四）交接班记录

交接班时双方班组长应在交接班记录本上进行签名确认。交接班记录可以设计成表格形式，具体内容应涵盖：

（1）生产完成情况；

（2）设备运行情况（包括故障及排除情况）；

（3）安全隐患及可能造成的后果；

（4）其他应注意的事项等。

交接班记录表见表4-9。班组现场安全管理及隐患排查交接班表见表4-10。

表 4-9 交接班记录表

日 期	年　月　日	时间	时　分
交班人		接班人	
生产完成情况			
设备运行情况			
安全隐患及可能 造成的后果			
其他			

表 4-10　班组现场安全管理及隐患排查交接班表

班组：　　　　　　　　　　　　交班时间：　　年　月　日　时　分
交班人员：　　　　　　　　　　接班人员：

序号	排查内容	排查结果		隐患情况	当班处置情况	备注
		是	否			
1	设备设施、工具、附件是否有缺陷					
2	设备设施安全防护装置是否良好					
3	安全运行技术参数是否符合规定					
4	劳动防护用品是否按规定佩戴					
5	是否按操作规程作业					
6	作业区域的安全通道、警示标志、消防设施、危险物品等是否符合要求					
7	是否存在违章指挥、违章作业、违反劳动纪律的情况					
8	应急措施是否落实					
9	其他					

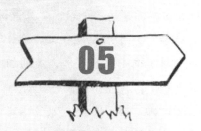

第五章
精益班组的
设备管理

情景导入

　　杨老师："设备、工具的管理对于企业顺利生产、提高装备水平、提高企业经济效益有着重要意义。加强设备、工具的管理是企业顺利进行生产的条件，是企业提高经济效益的重要手段。提高了企业的装备水平，有利于促进企业现代化。因此，本节课，我们将一起来学习班组设备工具的管理。"

　　小刘："杨老师，对于班组设备工具的管理，我觉得我做得不是很好，可是又找不到办法。"

　　杨老师："那你跟我讲讲，你经常遇到哪些问题？听听大家的意见，我们来共同解决。"

　　小刘："比如，明明在班组早会上强调了要按照设备的安全操作规程操作，可是有的组员却不遵守执行，导致意外事故发生。"

　　杨老师："相信这个问题，在座的许多班组长都遇到过。也有可能你们自己也曾经做过这样的事情。小李，你来说说你在班组设备工具管理中遇到过哪些问题。"

　　小李："对于班组设备工具的管理，我发现我的班组最大的问题便是工具乱摆放，明明规划了统一放置区域，有的组员还是随手乱扔，工具经常在需要时找不到。为了这个事情，我可真是头疼。"

　　杨老师："这个问题，我可以建议你采用工具定人管理，每个工具都由专人负责，最后工具不见了或者坏了，都由负责人承担责任，相信问题就可以迎刃而解了！"

　　小李："嗯，这是一个不错的方法，我回去之后试试。"

　　杨老师："至于小刘的问题，我将在接下来的讲解中为你解答。"

　　小刘："好的，谢谢杨老师！"

第一节　设备管理基础

一、设备零故障的观点

（一）何谓设备零故障

故障就是设备失去了规定的功能，很多设备的故障是人为造成的。很多故障的根源在人，它是由于人的思维方法和行动上的错误而引起的，也就是说人们的认识及其相应的行为的结果以故障的形式表现出来。因此只要改变与设备相关的所有人的认识，增加相应的知识，提高其技能，改进其方法和行动，故障就会消失。因此，凡与设备相关的人都应转变自己的观念。要从"设备总是要出故障的"观点改为"设备不会产生故障""故障能降为零"的观点，由此得出零故障的基本观点：

（1）设备的故障是人为造成的；

（2）人的思维及行动改变后，设备就能实现零故障；

（3）要从"设备会产生故障"的观念转变为"设备不会产生故障"；

（4）"能实现零故障"。

有人可能要问，按照零故障观点，设备岂不可以永久地使用下去了吗？这里我们要区分两个不同的概念就是自然老化和强制恶化。所谓自然老化就是虽然使用方法正确，但随着时间的推移，设备发生了物理和化学的变化，初期的性能逐渐下降。而所谓的强制恶化是指未按应有的方法作业，人为地促使了恶化。比如，应加油处未加油，或虽加油却量过少或周期过长。还有未进行应有的设备清扫等，即该做的事没做，都会促使设备恶化。这样，设备的使用寿命就低于其应有寿命，大大短于自然老化的寿命。因此零故障观点的意义在于指导人们正确认识故障，做该做的事，以避免强制恶化，延缓自然老化。

目前为止，设备之所以还存在很多故障，往往是人们没有抓住故障的真正原因。在故障发生前，通常都存在一些微小的、隐含的缺陷。如果在故障发生前，员工对这种不引人注目的、最终导致故障的潜在缺陷加以重视，并及时改善，就可以消除故障。由此可见，潜在缺陷的明显化处理是"无故障"的原则。

（二）实现零故障的五大对策

为了实际推进这项工作，我们针对可能产生故障的原因，导出实现零故障的五大对策，如图5-1所示。

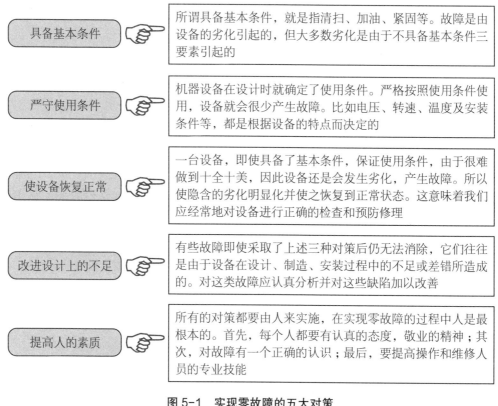

图 5-1 实现零故障的五大对策

总体来说，在日常工作中要做好下面这几方面的工作。

（1）防止劣化的活动：正确操作、准备、调整、清扫、加油、紧固等。

（2）测定劣化的活动：检查使用条件，对设备做日常、定期检查，以早日发现故障隐患。

（3）复原劣化的活动：及时消除隐患和劣化，使设备恢复到正常状态。

二、设备自主保全

（一）何谓设备自主保全

自主保全活动是以制造部门为中心的生产线员工的重要活动，是指生产一线员工以主人的身份对"我的设备、区域"进行保护、维持和管理，实现生产理想状态的活动。具体地说，自主保全活动是通过对设备基本条件（清扫、注油、紧固）的准备和维护，对使用条件的遵守、零部件的更换、劣化的复原与改善活动的执行。

自主保全有两层含义：一是自己的设备自己管理；二是成为设备专家级的作业员工。具体说明如图5-2所示。

自己的设备自己管理

自主：和自己有关的业务，凭自己的能力处理
保全：管理维护，从而完好地管理设备

治疗恢复能力
维持管理能力

发现异常能力
设定条件能力

成为设备专家级的作业员工

 习惯化

·遵守设备基本条件的活动：清扫、紧固、注油
·遵守设备使用条件的活动：日常保全

图 5-2 成为设备专家级作业员工

（二）自主保全的范围

自主保全主要围绕现场设备进行，其范围如表 5-1 所示。

表 5-1 自主保全的范围

范围	含义
整理、整顿、清扫	是 5S 中的 3S，延续了 5S 活动
基本条件的准备	包括机械的清扫、给油、锁紧重点螺栓等基本条件
目视管理	使判断更容易、使远处式的管理近处化
点检	作业前、作业中、作业后点检
小修理	简单零件的换修、小故障修护与排除

（1）作业前点检：在每次开动设备之前，确认此设备是否具备开机条件，并将所有的关键部位检查一遍。通过作业前点检，可以大大降低故障的产生。

（2）作业中点检：在机器运行的过程中确认机器的运行状态、参数是否正常，出现异常应立即排除故障或者停机检修。如果对小问题不重视，往往会变成大问题，进而酿成事故。

（3）作业后点检：在一个生产周期结束后，定期对设备进行停机检查和维护，为下一次开机做好准备。保养得当的机器，寿命往往可以延长几倍。

三、做好设备 5S

（一）设备整理

整理，就是将工作场所中的机器设备清楚地区分为需要与不需要，对于需要的加以妥善的保管，不需要的则进行相应的处理。

（二）设备整顿

整顿，就是将整理后所留下来的必需品或所腾出来的空间作一个整体性的规划，旨在提高使用设备的效率。

1.设备的定位方法

（1）全格法。即依物体的形状，用线条框起来。如小型空压机、台车、铲车的定位，一般用黄线或白线将其所在区域框起来，如图 5-3 所示。

（2）直角法。即只定出物体关键角落。如小型工作台、办公桌的定位，有时在四角处用油漆画出定位框或用彩色胶带贴出定置框。

图 5-3　设备（搬运工具）的定位

2. 设备的具体整顿

（1）设备旁必须挂有一些"设备操作规程""设备操作注意事项"等（图5-4）。对设备的维修保养，也应该做好相关记录。这不但能给予员工正确的操作指导，也可让客户对企业有信心。

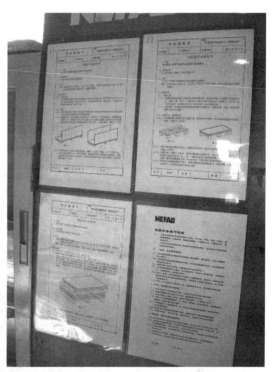

图5-4　操作规程挂在设备上

（2）设备之间的摆放距离不宜太近，近距离摆放虽然可节省空间，却难以清扫和检修，而且会相互影响操作而导致意外。

如果空间有限，则首先考虑是否整理做得不够彻底，再考虑物品是否有整顿不合理的地方，浪费了许多空间。再多想一些技巧与方法。

（3）把一些容易相互影响操作的设备与一些不易相互影响操作的设备做合理的位置调整。在设备的下面再加装滚轮，便可轻松地推出来进行清扫和检修。

（三）设备清扫

将设备内看得见和看不见的地方以及设备外部清扫干净，并保持现场干净整洁，有利于改善员工的心情，保证产品的品质，减少设备故障。

1. 实施清扫

在进行设备清扫（图5-5）时需要注意以下内容。

① 不仅设备本身，其附属、辅助设备也要清扫。

② 容易发生跑、冒、滴、漏部位要重点检查确认。

③ 油管、气管、空气压缩机等看不到的内部结构要特别留心。

④ 核查注油口周围有无污垢和锈迹。

⑤ 表面操作部分有无磨损、污垢和异物。

⑥ 操作部分、旋转部分和螺栓连接部分有无松动和磨损。

图 5-5　实施清扫

2.查找设备的"六源"

（1）查污染源。污染源是指由设备引起的灰尘、油污、废料、加工材屑等。更深层次的包括有毒气体、有毒液体、电磁辐射、光辐射以及噪声方面的污染。寻找、搜集这些污染源的信息后，通过源头控制，采取防护措施等办法加以解决。

（2）查清扫困难源。困难源是指设备难以清扫的部位，包括空间狭窄、没人工作的部位；设备内部深层无法使用清扫工具的部位；污染频繁，无法随时清扫的部位；人员难以接触的区域，如高空、高温、设备高速运转部分等。解决清扫困难源，通过控制源头，采取措施，使其不被污染；设计开发专门的清扫工具。

（3）查危险源。危险源是指和设备有关的安全事故发生源。由于设备向大型、连续化方向发展，一旦出了事故，可能给企业乃至社会带来危害。安全工作必须做到"预防为主、防微杜渐、防患于未然"，必须消除可能由设备引发的事故和事故苗头，设备使用的元器件是否符合国家有关规定，设备的使用维护修理规范是否符合安全要求等。对特种设备，如输变电设备、压力容器等设备，要严格按照国家的有关规定和技术标准，由有资质的单位进行定期检查和维修。

（4）查浪费源。浪费源是指和设备相关的各种能源浪费。第一类浪费是"跑、冒、滴、漏"，包括漏水、漏油、漏电、漏气、漏汽以及各种生产用介质等的泄漏（图5-6）；第二类是"开关"方面的浪费，如人走灯还亮，机器空运转，冷气、热风、风扇等方面的能源浪费等。要采取各种技术手段做好防漏、堵漏工作，要通过开关处提示，使员工养成良好习惯。

图 5-6　设备有漏油现象

（5）查故障源。故障源是指设备自身故障。要通过日常的统计分析，逐步了解掌握设备故障发生的原因和规律，制定相应的措施以延长设备正常运转时间。如因润滑不良造成故障，应采取加强改造润滑系统的措施；因温度高、散热差引起的故障，应通过加强冷风机或冷却水来实现等。

（6）查缺陷源。缺陷源是指现有设备不能满足产品质量的要求。围绕保障和提高产品质量，寻找影响产品质量的生产或加工环节，并通过对现有的设备进行技术改造和更新来实现。

（四）设备清洁

清洁就是对清扫后状态的保持，将前3S（整理、整顿、清扫）实施的做法规范化，并贯彻执行及维持成果。

1.编制设备的现场工作规范

规范设备现场工作规范。在日常使用中做到正确操作、合理使用、精心维护，及时发现设备存在问题，并采取相应的措施，使设备经常处于完好状态。

在编制日常工作时，要组织技术骨干，包括设备部门、车间、维护组、一线生产技术骨干，选择典型机台、生产线、典型管理过程进行攻关，调查研究、摸清规律、进行试验，通过"选人、选点、选项、选时、选标、选班、选路"，制定适合设备现状的设备操作、清扫、点检、保养和润滑规范，确定工作流程，制定科学合理的规范。

如果在保养检查中发现异常，操作人员自己不能处理时，要通过一定的反馈途径，将保养中发现的故障隐患及时报告到下一环节，直到把异常状况处理完毕为止，并逐步推广到企业所有机台和管理过程，最终达到台台设备有规范，各个环节有规范。设备工作规范做到文件化和可操作化，最好用视板、图解方式加以宣传和提示。

2.坚持实施5分钟3S活动

每天工作结束之后，花5分钟对自己的工作范围进行整理、整顿、清扫活动。以下是5分钟3S必做项目。

（1）整理工作台面，将材料、工具、文件等放回规定位置。

（2）清洗次日要用的换洗品，如抹布、过滤网、搬运箱。

（3）清扫设备，并检查设备的运行状况。

（4）清倒工作垃圾。

（五）员工素养

素养活动是使员工时刻牢记5S规范，并自觉地贯彻执行（如图5-7宣传所示），不能流于形式。

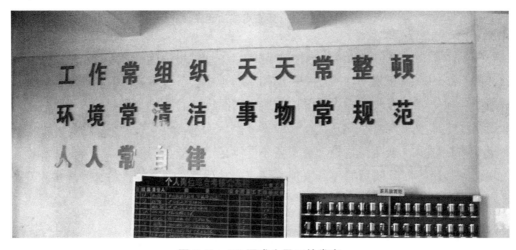

图5-7　5S要成为员工的常态

1.提高员工素养

除规范设备日常工作外，要做好设备管理工作，还要从思想和技术培训上提高人员的素质。

（1）养成良好习惯。在员工的思想意识上首先要破除"操作人员只管操作，不管维修；维修人员只管维修，不管操作"的习惯；操作人员要主动打扫设备卫生和参加设备故障排除，把设备的点检、保养、润滑结合起来，实现在清扫的同时，积极对设备进行检查维护以改善设备状况。设备维护修理人员认真监督、检查、指导使用人员正确使用、维护保养好设备。

（2）人员的技术培训。特种设备由国家有资质的劳动部门进行培训。使每个设备操作者真正达到"三好四会"。"三好"即管好、用好、修好。"四会"就是会使用、会保养、会检查、会排除故障。

2.定期考核评估

"5S"管理中，实现提高员工技术素质、改善企业工作环境，设备管理的各项工作有效开展，要靠组织管理、规章制度，以及持续有效的定期检查、评估考核来保证。

四、提升设备操作者的能力

为了充分发挥设备的能力，必须实行"自己的设备自己管理"。因此，操作人员除了应具有制造产品的能力以外，还必须具备五种能力，以对设备进行保全。

（一）操作人员应具备的能力

操作人员应具备的能力，如表5-2所示。

表5-2　操作人员应具备能力

序号	能力条件	具体内容
1	发现异常能力	根据设备的振动、声音、热度、磨损等情况，可以发现有可能出现不良或发生故障等异常现象。发现设备异常并不单纯是在设备已产生故障或不良时才发现异常，而是在将要发生故障或不良时能对这些故障或异常一目了然。只有这样，才能称作真正的"异常发现能力"
2	处理修复能力	在短时间内能够修复所发现的异常，或者联系上级或保全部门进行处理
3	条件设定能力	在管理设备的基础上，不经过勘测就能按照判定标准，定量地确定重要部分是否正常。这种基准不能单纯地、不明确地表达为"不得有异常的发热"，而应定量确定为"应在××度以下"
4	维持管理能力	操作人员必须切实地遵守既定标准，如"清扫、加油标准""自主检查标准"等；还应思考为什么未能遵守既定标准，并不断地完善设备、修订检查方法
5	设备改善能力	了解设备的结构、功能，并能完成设备的改善，延长设备的寿命

（二）掌握能力的四个阶段

具备了以上五种能力，操作人员才能成为一个"操作设备的操作人员"。那么，怎样才能具备这些能力呢？具备这些能力可分为以下四个阶段，操作人员应一个一个切实地掌握，具体如图5-8所示。

| 阶段一 | 能复原或改善自己所发现的问题 |

刚接触设备时，通过五官发现问题，并使自己发现的问题恢复至原先的正确状态（复原），不再产生相同的问题，且不断完善

| 阶段二 | 熟悉设备的功能、结构，发现异常的根本原因 |

通过对设备各要素的检查，掌握设备的关键功能，并不断检查以维持其功能，只有这样才能发现异常

| 阶段三 | 预知质量异常，发现问题根源 |

通过每天的检查，充分掌握设备的什么部位劣化到什么程度会影响产品的质量。善于思考产生异常的原因，从理论的角度来分析异常现象

| 阶段四 | 能修理设备 |

明白了异常的原因后，就要使其恢复到原有状态。例如，设备漏油了，就需调换管道和轴承、紧固螺栓等；为了易于清扫、检查，可做一个防飞散盖子。通过这样的改进作业还能掌握对功能部位进行拆卸检查的技术，从而有助于推定故障原因，掌握零部件的使用寿命

图5-8　具备能力的四个阶段

第二节　设备工具管理最优方法

一、设备的安全操作

安全操作是指安全使用设备。设备操作者一定要按操作规程来操作设备，操作规程是对操作程序、过程安全要求的规定，它是岗位安全操作规程的核心。设备的安全操作管理要点如图5-9所示。

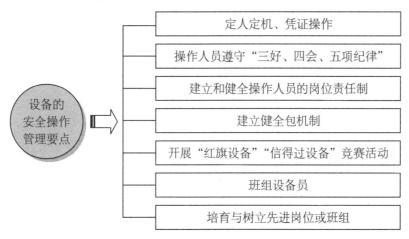

图 5-9 设备的安全操作管理要点

（一）定人定机、凭证操作

凡主要生产设备的操作者，必须凭证操作（图 5-10 和图 5-11）。特种设备操作者需经安技环保处复训。没有操作证一律不得擅自使用设备。

图 5-10 该设备的操作责任人姓名、照片看板

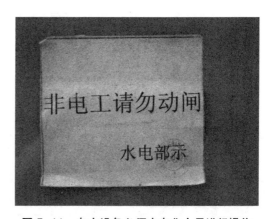

图 5-11 电力设备必须由专业人员进行操作

（1）操作人员在独立使用设备前，各分厂应对其进行设备结构、性能、技术规范、维护知识和安全操作规程及实际技能培训考试，经设备工具处、教育处、劳资处审查合格后发给操作证。

（2）对于重点设备，进口设备，精、大、稀、关键设备，操作人员经培训后，还须由设备工具处会同有关部门进行考试，合格后，发给操作证。

（3）确有操作多台设备能力者，经考试合格，允许操作同工种 2～3 台设备。多人操作的设备必须实行台机长负责制。

（4）临时操作设备人员，培训后经分厂领导和机械员同意，方可临时使用设备。

（5）调离本厂或工种变动而不再使用原设备人员，分厂负责收回操作证，并交设备工具处注销。

（二）操作人员遵守"三好、四会、五项纪律"

作为班组现场设备操作人员，一定要了解设备操作的"三好、四会、五项纪律"要求，并严格遵守。

1."三好"要求

"三好"要求，具体如图5-12所示。

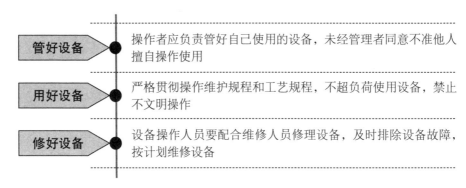

管好设备	操作者应负责管好自己使用的设备，未经管理者同意不准他人擅自操作使用
用好设备	严格贯彻操作维护规程和工艺规程，不超负荷使用设备，禁止不文明操作
修好设备	设备操作人员要配合维修人员修理设备，及时排除设备故障，按计划维修设备

图5-12 "三好"要求

2."四会"要求

"四会"要求，具体如图5-13所示。

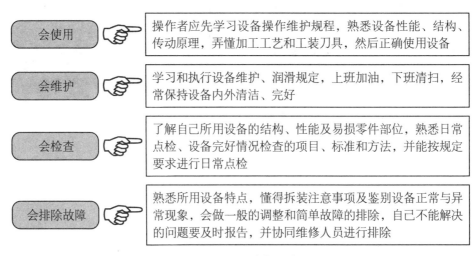

会使用	操作者应先学习设备操作维护规程，熟悉设备性能、结构、传动原理，弄懂加工工艺和工装刀具，然后正确使用设备
会维护	学习和执行设备维护、润滑规定，上班加油，下班清扫，经常保持设备内外清洁、完好
会检查	了解自己所用设备的结构、性能及易损零件部位，熟悉日常点检、设备完好情况检查的项目、标准和方法，并能按规定要求进行日常点检
会排除故障	熟悉所用设备特点，懂得拆装注意事项及鉴别设备正常与异常现象，会做一般的调整和简单故障的排除，自己不能解决的问题要及时报告，并协同维修人员进行排除

图5-13 "四会"要求

3."五项纪律"要求

"五项纪律"的要求如图5-14所示。

要求一	实行定人定机，凭操作证使用设备，遵守安全操作规程
要求二	经常保持设备整洁，按规定加油，保证合理润滑
要求三	遵守交接班制度
要求四	管好工具、附件，不得遗失
要求五	发现异常立即停机检查，自己不能处理的问题应及时通知有关人员检查处理

图 5-14　"五项纪律"要求

（三）建立和健全操作人员的岗位责任制

按照岗位责任制的要求，企业应对个人操作的设备，建立专人专机制，对于几个人共同操作的设备，建立机长负责制。在机组内，进一步划分操作岗位和职责，做到台台设备有专人管、人人有专责。

（四）建立健全包机制

设备包机管理是全员参与生产维护的过程，其宗旨是要让每一位操作者都成为维护者，让每一位维修者都成为管理者。企业应根据设备的工艺特点、生产条件的不同，采用适当的包机方式。同时，制定符合现实的考核标准、操作规程，明确责任范围和实现的时间目标（如下范本）。

【精益范本】▶▶

设备包机管理制度

1. 目的

为加强设备管理，提高设备维护保养质量，实行如下设备包机制度。

2. 适用范围

适用于各车间的设备。

3. 总要求

3.1 按设备公用分类（或分台）对设备进行包机，成立由保全班长、生产班长、电仪班长及维修工、电仪工和作业员共同组成的包机组，保全班长、电仪班长和生产班长分工负责，保全工、电仪工和作业员定机负责。

3.2 包机组要做到"三定""五包"，"三定"：定设备、定人员、定岗位。"五包"：

包使用、包管理、包维修、包排除故障、包使用更换及设备现场卫生，每台设备挂牌留名。

4.包机制度

4.1 各车间、维修工、电工设备包机制度。

4.1.1 公司各生产车间，在设备安装投入运行后必须确定包机负责人，各车间负责及时悬挂包机牌，若有人员变动，车间负责及时更新包机人及包机标牌。

4.1.2 电气设备维修保养包机人必须是电工，主要负责电气设备的维护保养工作（包括高低压室的全面卫生，车间现场配电柜内的卫生，电气线路维护等），机械部分维修保养包机人必须是保全工，主要负责机械设备的维护保养工作，车间生产班组可根据生产实际需要推行就近分片包机责任制（确定包机负责人），指定片区包机车间操作负责人，包机作业员是隶属于片区操作的车间操作人员。

4.1.3 包机电工和包机维修工人必须刻苦钻研技术，细心维护保养设备，充分发挥设备效能，提高设备完好率及保障设备上的安全措施。

4.1.4 包机操作负责人和包机作业员必须按时检查所包机设备的现场卫生、设备运行性能、完好状况等，按要求定期对设备进行维护及检测。

4.1.5 跟班及包机电工和维修人员每次检查及维护完毕后，要记入巡查保养记录内，填写清楚设备的故障情况及处理措施、未处理的设备问题及注意事项、工具使用及现场卫生情况，做好交接班工作。

4.1.6 如果因某种原因包机维修工或包机电工不能进行检查保养，车间要安排其他人代检保养，保证设备安全运转。跟班电工及维修工必须按照设备巡查要求每班巡检设备。

4.1.7 若所包设备发生故障，无论是包机维修人、包机操作负责人，还是当班维修人、当班运行班组长都要积极主动抢修。

4.1.8 因工作粗心或不负责任，设备发生故障，属于操作原因的，包机当班操作人要承担主要责任，属于设备保养不到位引起的，包机维修人或包机电工要承担主要责任。属于设备巡检不到位，当班维修人、电工及当班作业员承担主要责任，并视情节轻重给予一定处罚。

4.1.9 包机维修人、包机电工必须了解所包设备的备品备件车间库存情况，低于储备定额的立即以书面形式向上级汇报。如未及时提报影响设备维修，由包机维修工、电工及维修、电工班长负责。

4.1.10 包机保全工、电工、车间包机人尤其是跟班人员仍旧在上班时负责所有设备的运行保养。不能以不是包机人为借口而不负责其他设备的运行保养。

4.1.11 包机人员工作责任划分（以下责任权重作为各车间设备责任奖罚的依据）

（略）。

4.2 操作班组设备包机制度。

4.2.1 包机操作人负责把每台设备上的卫生及设备附近地面卫生彻底清理干净，交接班的作业员将清理好的设备保持好，严格进行交接班，对设备卫生保持不好的，包机操作人有权向车间领导汇报，并要求车间给予卫生差的交接班作业员处罚。做到现场设备表面清洁、完好，工具摆放有序、整齐。

4.2.2 当班作业员负责在接班前后及设备运行中，对设备进行点检：检查设备的紧固件是否有明显的松动；设备及附属管路是否存在跑冒滴漏的现象；设备运行时，是否有明显的异常（比正常工作状态下的振动、噪声、设备关键部分的温度）；可见的油箱的油位是否处于正常状态；整机运行是否平稳等。发现异常请及时报告当班班组长，能自己处理的，要在正确的安全的方法下去处理，并在当班作业员做记录时填写设备的故障情况及处理措施。如不能处理的要及时由班长联系当班电工或维修人员进行处理。

4.3 包机设备的定期检查制度。

每月由设备部组织对各车间的设备进行一次检查，并把查出的问题下发到各车间，要求整改完成时间，设备科到时间进行复查，并由设备部统计各车间的整改完成率，每月发给各车间及相关领导，并把考核结果记入各车间各班组的KPI考核表内。检查说明：由设备部组织，各车间维修班组配合实施，检查中参加人员：设备部1～2人，各车间指派负责人1～2人，车间维修班长或指派维修人员1人，电工1人，非被检查车间指派负责人1人。设备部人员负责现场记录，其他人员负责签字确认。要求被检查车间制定整改日期的，要填写清楚整改日期。

具体考核奖惩办法如下。

4.3.1 评选扣分说明：各车间每月满分100分，在检查表（略）中的14项检查中不符合标准的扣相应的分数，用100减去以上扣分累计值，就是本月被检查厂区的设备包机检查情况的实际得分，以此评比作为各车间每月的奖罚依据。

4.3.2 根据被检查出的设备及现场整改内容评分，分数体现在KPI考核的加减分项中，由车间负责安排在要求整改期限内整改，整改后报设备部，由设备部安排时间根据要求进行现场复检，能够按时完成的，车间对于相关包机人（包机牌上的）在当月绩效考核中加2分的奖励。对在以后月度检查时，发现整改后好的项出现异常的，由车间做出书面调查，并报送设备部，对整改项扣当月或季度绩效考核中的5分。未按整改期限整改的每项扣包机相关责任人当月或季度绩效考核的2分。

4.3.3 三个车间对包机设备管理工作根据检查得分情况进行评比，每月公布一次得分，评比名次分为1～3名，每季度汇总一次各车间三个月的得分，第一名的给予车间主任、电议班长、维修班长各200元的奖励，第二名的不奖不罚，第三名的给予车间主任、电议班长、维修班长各100元罚款。如并列第一名的，分别给予200元的奖励，第二名的各罚款100元；如并列第二名的，各罚款100元，给予第一名200元奖励。

4.3.4 具体检查内容。

（1）设备包机牌是否悬挂，设备包机牌上的相应包机人是否清楚自己的包机内容。

（2）固定资产标志牌保存是否完好、清晰。

（3）设备现场及设备表面的卫生要求——清擦干净，无油垢。

（4）各类压力表的表面是否清洁，是否有损伤，是否超校验期。

（5）安全阀是否超校验期。

（6）单一设备及相应的管路是否有跑冒滴漏现象。

（7）设备有无明显的紧固件松动现象。

（8）各减速机油视镜是否清晰，油位是否适中。

（9）是否有严重的漏油现象。

（10）需要润滑的传动链条齿轮是否有油润滑。

（11）所有操作器件，如按钮、选择开关、指示灯等，必须有清楚简明的功能说明标志。

（12）配电柜的标志是否清晰、完善。

（13）各设备现场的电路是否有乱拉乱扯现象，相应的设备是否有接地线。保护接零线是否接触良好。

（14）电路是否有保护套及相应的电缆桥架，电线接头严禁裸露连接。

（15）保温的设备及管路保温设施是否完好，有无其他设备缺点。

（五）开展"红旗设备""信得过设备"竞赛活动

设备竞赛的实质是人的竞赛，主要赛人的精神面貌和劳动态度，赛人的操作和维修技术，赛人互相之间的协作配合。通过竞赛，评选出"红旗设备"，在此基础上再进一步评出"信得过设备"。对于"红旗设备""信得过设备"的操作人员和检修人员，要给予适当的精神奖励和物质奖励，以使竞赛活动能持久和巩固。"红旗设备"的标准，一般规定如下。

（1）完成任务好，出勤好，设备性能好，零部件完整齐全。

（2）设备使用达到规定要求。

（3）做好设备的清洁、润滑、紧固、调整和防腐。

（4）设备使用记录齐全、准确。

而"信得过设备"的标准，则比"红旗设备"还高一些。

（六）班组设备员

这是在基层生产班组中，由员工推举的设备员，协助班组长和车间设备员管理好本班组内的所有设备。在规模较大的班组内，可以推举数人组成设备管理小组。

（七）培育与树立先进岗位或班组

在生产现场设备管理中，培育与树立先进岗位或班组，对于动员广大员工共同管好、用好设备起着不可估量的作用。

二、加强设备的点检

点检就是对机器设备以及场所进行的定期和不定期的检查、5S、加油、维护等工作。

（一）点检的分类

根据不同的分类，有不同的点检手法，常见的点检主要如表5-3所示。

表5-3　点检分类

标准	具体类型	内容
点检对象（设备）的运行状况	开机前点检	要确认设备是否具备开机的条件
	运行中点检	确认设备运行的状态、参数是否良好
	停机点检	停机后定期对设备进行的检查和维护工作
点检时间	日常点检	由操作人员负责，作为日常维护保养的一个重要内容，结合日常维护保养共同进行
	定期点检	根据不同的设备，确定不同的点检周期，一般分为一周、半个月或一个月等

（二）点检项目

确定点检项目就是要确定设备在开机前、运行中和停机后周期性需要检查和维护的具体项目。

（1）点检项目的确定可以根据设备的有关技术资料、设备技术人员的指导和操作人员的经验完成。一开始确定的点检项目可能很烦琐，不是很精练、准确，但是，以后可以逐渐对其进行简化和优化。

（2）自主保全的点检项目应注意根据技术能力、维修备用品、维修工具等实际情况确定，并且要与专业技术人员进行的专业保全加以区别。在操作者的能力范围内，要做到自主促使的点检项目尽可能完善，保障设备的日常运行安全可靠。

设备日常保养点检要项及主要对策见表5-4。

表5-4　设备日常保养点检要项及主要对策

程序	序号	要项	主要对策			
			清扫	给油	更换	复原
油压系统 动作油压 ↓ 动作油帮浦 ↓ 控制阀 ↓ 启动器	1	给油口处是否有灰尘污染	○			
	2	油量标示或水平是否良好		○		
	3	水平标示或水平刻度是否看得清	○			
	4	油压槽是否有缝隙				○
	5	油槽内、底部是否污脏	○			
	6	动作油是否污脏			○	
	7	油量是否足够		○		
	8	油种是否使用错误			○	
	9	吸入滤器是否污脏	○			
	10	泵浦是否有异常声音				○
	11	泵浦是否会异常发热				○
	12	是否会从控制阀处漏油出来			○	○
	13	是否会从管接头处漏油出来			○	○
	14	启动器是否会漏油			○	○
空压系统 空压三接点 ↓ 控制阀 ↓ 启动器 ↓ 排气部分	15	空气过滤器内有否灰尘杂物污染	○			
	16	注油器内的油是否污脏			○	
	17	注油器内的滴油情况是否正常		○		○
	18	是否会从控制阀处漏气			○	○
	19	是否会从管接头处漏气			○	○
	20	控制阀是否有异常声音			○	○
	21	控制阀的扣锁螺母是否松脱				○
	22	是否会从启动器处漏气			○	○
	23	气缸的螺栓是否会松动				○
	24	排气管线是否会堵塞			○	○

续表

程序	序号	要项	主要对策			
			清扫	给油	更换	复原
润滑系统 给油口 ↓ 油槽 ↓ 配管 ↓ 给油部位	25	给油口上是否污脏	○			
	26	油量标示或水平是否正常		○		
	27	水平标示或水平指针是否看得清	○			
	28	油槽是否有裂缝				○
	29	油槽内、底是否污脏	○			
	30	油槽内的油是否已脏			○	
	31	是否会从油槽或管接头处漏油			○	○
	32	油量是否足够		○		
	33	油种是否使用错误			○	
	34	给油部位是否污脏、有灰尘			○	○
	35	配管是否会堵塞	○			
	36	给油具是否污脏	○			
折动部 回转部 驱动部	37	折动部是否污脏	○			
	38	折动部是否有凹陷、段差等情形				○
	39	折动部是否有异常声音			○	○
	40	回转部是否污脏	○			
	41	回转部的回转本体是否会偏心			○	○
	42	回转部是否有异常声音存在				
	43	各接点的固定螺栓是否松脱				○
	44	V形转带、链带是否松弛			○	
	45	滑轮是否有异常声音			○	○
	46	齿轮是否有卡齿现象		○		
	47	桌面、柜面是否有破损现象			○	○
	48	桌面、柜面是否平稳			○	○

续表

程序	序号	要项	主要对策			
			清扫	给油	更换	复原
电气系统	49	灯座（标示灯）是否污脏	○			
	50	灯座（标示座）的灯是否不亮			○	○
	51	控制盘的门盖子是否损坏			○	
	52	门、盖子缘的垫片、橡胶是否损坏			○	
	53	盘内的配线是否折断、卷曲、短路等	○		○	○
	54	电路板是否弯曲、浮起、污脏	○			○
	55	各部位的固定螺栓是否松脱				○
	56	NC加工机的面板读取处是否污脏	○			
	57	开关类是否污脏	○			
	58	光电管上是否污脏			○	
	59	计时器或继电器等的保质期是否已过				○
	60	熔丝的接触是否松脱				○
	61	熔丝的绝缘情况是否良好			○	
治工具类 刀具类 测定器具	62	治工具是否污脏	○			
	63	治工具是否碰撞受损			○	○
	64	治工具的精度是否良好			○	○
	65	刀具是否崩裂			○	○
	66	刀具刀锋是否锋利				○
	67	微量测器是否污脏	○			
	68	测定器的精度是否良好			○	

（三）点检六定

点检之前要将相关的方法、时间、负责人等确定，概括起来就是点检"六定"，如图5-15、图5-16所示。

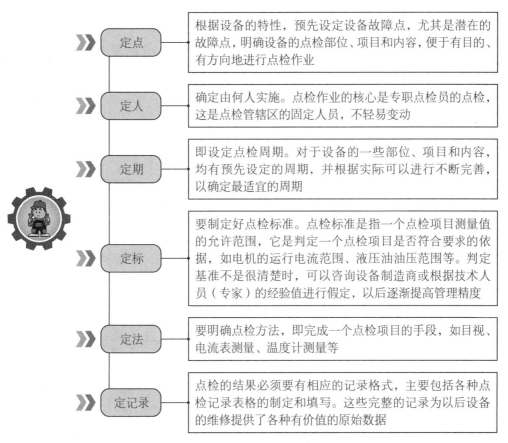

图 5-15　点检"六定"

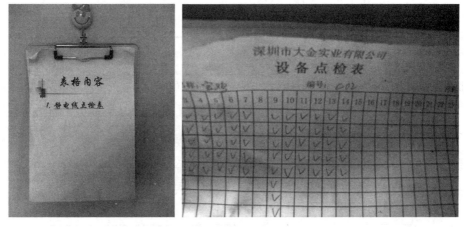

图 5-16　点检表

三、做好设备日常维护保养

日常维护保养工作要求设备操作人员在班前对设备进行外观检查,在班中按操作规程操作设备，定时巡视记录各运行参数，随时注意运行中有无异声、振动、异味、超载等现象，在班后对设备做好清洁工作。

讲师提醒　　日常维护保养工作是设备维护管理的基础，应该坚持实施，并做到制度化，特别是在周末或节假日前更应注意。例如，在冬天，如设备即将停用，应在下班后放尽设备内剩余水，以免冻裂设备。

（一）保养执行人员

日常维护保养（日保），由操作人员进行。

（二）保养时间和频率

对于普通设备，利用每天下班前 15 分钟（周末可适当多花一点时间）进行；对于精、大、稀设备，要求用更多一点时间进行。

（三）保养内容

日常维护保养一般包括以下各点，如图 5-17 所示。

内容一	日常点检的全部内容
内容二	擦拭设备的各个部位，使得设备内外清洁，无锈蚀、无油污、无灰尘和无切屑
内容三	清扫设备周围的工作地，做到清洁、整齐，地面无油污、无垃圾等杂物
内容四	设备的各注油孔位，经常保持正常润滑，做到润滑装置齐全、完整、可靠，油路畅通，油标醒目
内容五	设备的零部件、附件完整，安全防护装置齐全，工、量、夹具及工件存放整齐、不凌乱等

图 5-17　日常维护保养的内容

讲师提醒　　关于设备日常维护保养的要点及其对策，最好事先列表并让作业员知晓，这样，作业员在实际操作时有据可查，并对日常保养中出现的问题能妥善予以处理。

四、设备运行动态监督

设备运行动态监督是指通过一定的方法，使各级维护与管理人员能牢牢掌握住设备的运行情况，依据设备运行的状况制定相应措施。

（一）遵守设备巡检标准

企业对每台设备，应依据其结构和运行方式，确定其检查的部位（巡检点）、内容、正常运行的参数标准，并针对设备的具体运行特点，对设备的每一个巡检点确定出明确的检查周期，一般可分为时、班、日、周、旬、月检查点。

在具体实施巡检时，应重点对表5-5中所列事项进行监督检查。

表5-5　巡检注意事项

事项	具体内容	结果
电气方面	（1）配线、接头部位有无龟裂、松垮、暴露、老化 （2）各种信号、电压、频率发出装置，以及相关的输入、输出信号值是否正常 （3）仪表盘指针游动是否正常 （4）各种控制开关是否正常	
结构方面	（1）各种定位柱（杆）、导向柱（杆）紧固螺栓、铆接头、焊接处、粘接处，有无松脱、脱落、变形 （2）材料表面有无氧化、龟裂、掉漆 （3）机构滑动、滚动、旋转、传动部位是否缺少润滑，开动时是否有异常响声 （4）各机械的动作时间、行程大小、压力、扭矩等是否符合要求	
环境方面	（1）设备场所的温湿度、腐蚀性气体、光照度、电磁波干扰等是否正常 （2）设备的地面水平、振动、通风散热等是否正常	

（二）各负其责

班组操作人员负责对本岗位使用设备的所有巡检点进行检查并记录（图5-18），专业维修人员要承包对重点设备的巡检任务。企业应根据设备的多少和复杂程度，确定设置专职巡检工的人数和人选，专职巡检工除负责承包重要的巡检点之外，还要全面掌握设备的运行动态。

（三）信息要迅速传递与反馈

班组长在进行现场巡视监督时，对于发现的各种问题点要及时处理，处理不了的应与工程技术人员联系，并配合后续的检修工作。同时，要根据设备的运行状态挂上相应的标牌，如图5-19所示。

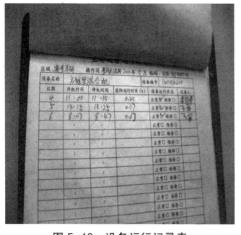

图 5-18　设备运行记录表

图 5-19　挂上"运行中""完好"的标牌

五、减少设备磨损

设备磨损就是机械的接触面之间的摩擦，能产生热，降低效率，产生刮痕。

（一）设备磨损的分类

设备磨损一般分为有形磨损和技术磨损两种，具体说明如表 5-6 所示。

表 5-6　设备磨损的种类

序号	磨损类型	说明
1	有形磨损	（1）使用磨损，即设备在运转中受到机械力的作用，零部件会发生摩擦、振动和疲劳等现象，致使设备及其零部件的实体产生磨损 （2）闲置磨损，即设备在闲置时，由于自然力的作用，加上保养、管理不善，自然锈蚀，丧失其精度
2	技术磨损	也称无形磨损，主要是基于设备的更新换代所造成的损失

（二）减少设备磨损的方法

对于无形磨损，只能通过更新设备如购置新设备的方法来应对。对于有形磨损，则可以采取各种改善的方法来应对。

1. 做好设备清洁

清洁活动是减少设备磨损的重要工作，每天定时对设备进行清洁（图 5-20 和图 5-21），能及时发现各种问题并加以解决，以延长其使用寿命。

具体的清洁要点包括以下几方面。

（1）对设备使用过程中所产生的粉屑，要随时清理。

（2）对滴漏、破损、残缺的部位要查找源头，不要试图用清扫来暂时应付。

（3）设备的里里外外，尤其是对角落里、眼睛不易看到的地方要进行清扫。

（4）各种电子元器件的表面要定期主动清扫，使其有效散热。

图5-20　时常清扫设备并保持设备清洁

图5-21　设备的角落也要进行清扫并润滑

2.开机前点检

可设定一些简单易行的项目，制作"点检一览表"，开动设备之前或在作业结束之后，由操作人员进行确认，若发现异常，应及时报告。

3.定期更换易损件

在购入设备时，就购入一定数量的易损件。易损件的库存数量可参考设备制造厂家的推荐，也可按自己的实际经验来决定。

对一些寿命即将结束的部件，不要等到完全坏了才进行更换。从表面上看，部件用到"生命"最后一刻，没有一点浪费，坏了才更换似乎节省了一些费用，但临坏之前所生产的产品可能无法确保其品质，最终产生的浪费就很难确定。

4.定期校正精度

设备累计使用时间一到，就应该立即校正精度。仅靠一次的校正，并不能确保设备全过程的精度，因此在日常巡视监督时要重点留意，及时处理各种影响精度的异常情形。

六、预防设备故障

设备中某一结构、机械或零件的尺寸、形状或材料发生改变而不能满意地执行预定的功能，称为设备故障（失效）。

设备产生故障后，轻则影响到产品的质量、效率、操作等，重则可能造成停产、环境污染、安全事故及人身伤害等大事故，还有可能会降低设备的使用精度和寿命，因此，班组长应重视设备故障的预防。

（一）了解故障的种类

设备故障是指丧失了制造机械、部品等规定的机能，制造故障有制造停止型故障（突发故障）、机能低下型故障（渐渐变坏）等。一般来说，设备经常发生的故障如图5-22所示。

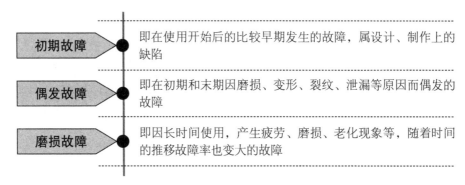

初期故障 —— 即在使用开始后的比较早期发生的故障，属设计、制作上的缺陷

偶发故障 —— 即在初期和末期因磨损、变形、裂纹、泄漏等原因而偶发的故障

磨损故障 —— 即因长时间使用，产生疲劳、磨损、老化现象等，随着时间的推移故障率也变大的故障

图5-22　设备经常发生的故障

（二）分析设备故障产生的原因

预防就是要从源头上解决，因此班组长首先应了解设备故障产生的原因。通常而言，设备故障主要是因各种缺陷而导致的，具体类型及说明如表5-7所示。

表5-7　设备缺陷

序号	缺陷类型	具体说明
1	设计缺陷	包括结构上的缺陷，材料选用不当，强度不够，没有安全装置，零件选用不当等
2	制造加工缺陷	包括尺寸不准，加工精度不够，零部件运动不平衡，多个功能降低的零件组合在一起等
3	安装缺陷	包括零件配置错误，混入异物，机械、电气部分调整不良，漏装零件，液压系统漏油，机座固定不稳，机械安装不平稳，调整错误等
4	使用缺陷	包括环境负荷超过规定值，工作条件超过规定值，误操作，违章操作，零部件、元件使用时间超过设计寿命，缺乏润滑，零部件磨损，设备腐蚀，运行中零部件松脱等
5	维修缺陷	包括未按规定维修，维修质量差，未更换已磨损零件，查不出故障部位，使设备带"病"运转等

（三）故障的预防

设备故障的预防主要从以下几方面着手。

1.正确认识

在预防时要正确理解设备的使用寿命，要尽量维持设备的正常运行。要在设备的日常保养、点检、润滑等方面做好预防工作。

2.现场设备的预防

对设备故障进行预防，在生产现场应注意遵照如图 5-23 所示的要领。

使用前的预防

- ·询问制造厂商的设备使用说明，掌握一般的使用方法
- ·从制造厂商处了解关于保养、点检的要领以及发生故障时的处理说明
- ·询问设备不良时通知制造厂商的方法
- ·准备保养所需的材料、物品

运转时的预防

- ·遵守操作规程，通过清扫来发现微小的缺陷
- ·做好点检，发现异常后根据操作手册来处理
- ·做好日常的维护、保养、润滑
- ·无法解决的故障，立即通知制造厂商

图 5-23　设备故障的现场预防要领

3.禁止设备异常操作

几乎所有设备的操作顺序都有严格的要求，制造厂商的操作说明也有规定，不遵守操作规程会直接导致或加速机器产生故障。然而，生产现场还是有许多作业者，尤其是新人，不按操作规程，进行错误的操作设定。

（四）设备故障管理

设备故障管理是针对突发故障，采用标准程序的方法加以处理，具体可采取表 5-8 中的方法。设备维护及检测后示意如图 5-24、图 5-25 所示。

表 5-8　故障管理方法

序号	管理方法	具体说明
1	就近维修	可以为各班组配备一名维修人员，并就近在设备所在的班组进行实时监控，一旦发现设备的异常状况，可以及时进行维修
2	使用看板	设置故障挂牌看板，一旦某设备发生故障，就立即挂上看板，既方便检修，又避免设备被错误使用，如图 5-24 和图 5-25 所示
3	错开时间	对各种生产设备进行检修时，尽量在设备的停工期间（非正常工作时间）进行，以减少设备维修对正常工作时间的占用

（五）故障修理

使用设备的班组遇有下列情况，须填写修理委托书或维修报告书，向设备维修部门提出修理要求。

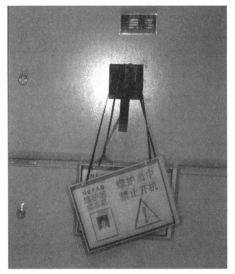

图 5-24　设备维护中挂上看板

图 5-25　检测之后贴上"设备待维修"标志

（1）发生了突然事故。

（2）日常点检发现了必须由维修人员排除的缺陷和故障。

（3）定期检查发现的必须立即修理的故障。

（4）由于设备状况不好，造成废品时。

　　对于设备的故障，企业应建立"设备故障记录卡"（表5-9），下次机器出现问题时可追溯前面的情况，从而更容易对症下药。

表 5-9　设备故障记录卡

设备名称：　　　　　　　　　　　　　设备编号：

故障类型	发生时间	处理方法	处理结果	修复时间	维修人	确认人

第三节　设备工具管理注意事项

一、设备的精度校正

现场生产活动中，若检测用的设备精度有误差，检测出来的结果必然是不正确的，有时可能把合格品当作不良品给废弃了，也有可能把不良品当作合格品给放过了。

（一）需精度校正的设备

需要做精度校正的设备，具体如表5-10所示。

表5-10　需精度校正的设备

序号	设备类别	具体说明
1	生产工艺设备	（1）直接决定产品性能的生产工艺设备。如电烙铁温度、电动螺丝刀扭矩、张力仪等要校正 （2）影响产品性能稳定的保管设备。如恒温箱、无尘车间等要校正
2	辅助生产设备	如空压机压力、输送带行进速度等要校正
3	检测设备	"来料检查标准书""标准作业书""出货检查标准书"中所使用的检测、试验设备及品质追踪所使用的检测设备要校正

（二）精度校正的方法

精度校正的方法有内部校正和外部校正两种，具体如图5-26所示。

内部校正	外部校正
内部校正是指本公司内部具有校正资格的人员，依据"标准校正作业书"的要求，对设备进行精度校正。内部校正具有校正周期短、费用低廉等特点	外部校正是指委托国家或行业认定的计量机构，对设备进行精度校正。外部校正具有精度高、校正周期长、费用高等特点

图5-26　精度校正的方法

（三）精度校正结果处理

（1）精度校正可能出现的结果。精度校正完成后会有以下三种结果出现：第一种是精度没有偏差，经校正完后精度更高；第二种是精度有偏差，经校正完后回到标准规格内；第三种是精度有偏差，经校正仍无法回到标准规格内。

（2）结果处理。第一种结果，只需记录校正结果即可。第二、第三种结果处理如表5-11所示。

表5-11　精度校正结果处理方法

事项	第二种结果	第三种结果
设备的处理	设定新的（更短的）校正周期	（1）替换成精度正常的设备 （2）彻修或废弃有精度偏差的设备 （3）有精度偏差的设备，限定在某个非生产的范围内（场合）使用 （4）寻找其他设备替代原有发生偏差的设备，同样对替代品也要进行精度校正
产品的处理		（1）立即确认对产品品质有何影响 —对品质无影响的，已完成的产品照常出货 —对品质有影响的，视其影响程度做出综合判定和处理 （2）追溯品质发生偏差的时间，估算每一时段的影响程度，采取相应对策 —收集不同时段的样品，再次检测，确定品质偏差的初发时间 —联络后工序、客户，采取必要的应变措施 —工序内判定合格但尚未流到下一工序的部件，再次检测

（四）精度校正管理注意事项

事项一	新购入的设备未必精度就可以，在使用前最好进行校正
事项二	校正对象与非校正对象都要进行识别管理（如图5-28所示挂上设备校准证），识别越详细，错漏机会就越少
事项三	设备精度偏差过大，无法校正而废弃时，必须做好标识，报请相关部门审批
事项四	适时记录设备各种相关运行数据，保证其品质有良好的可追溯性
事项五	"母器"要尽量避免在生产上频繁使用，以免本身精度发生偏差
事项六	不要将所有设备的校正周期都设定为一样，既要考虑保证精度，又要设法降低校正成本

图5-27　精度校正管理注意事项

精度校正管理注意事项如图5-27所示，设备校准证如图5-28所示。

二、办好设备交接班手续

在多班制操作设备的情况下，在生产现场，无论是操作人员、值班维护工或值班班

图 5-28 设备校准证

组长，都应该在交接班时办理交接手续。这种手续，一般以操作人员口头汇报，班组长记录，或由操作人员记录，班组长检查的方式进行。所有记录都要登记在"交接班记录簿"上，以便相互检查，明确责任。

交班人员应将设备使用情况，特别是隐蔽缺陷和设备故障的排除经过及现状，详细告诉接班人员，或在记录簿内详细记载。接班人员要对汇报和记录核实，并及时会同交班人员采取措施，排除故障后，才可接班继续进行工作。但接班人员如果继续加工原工作班已开始生产的工序或零件，也可不停车交接。

在交接班时，一般应达到下列四项标准（图 5-29），达不到标准，可以不接班。

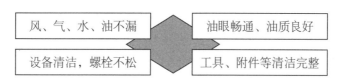

图 5-29 交接班达标的标准

设备在使用过程中会发生污染、松动、泄漏、堵塞、磨损、振动、发热、压力异常等各种故障，影响正常使用，严重时会酿成设备事故。因此，班组长应指导设备操作人员经常对使用的设备加以检查、保养和调整，使设备处于最佳的技术状态。

班组设备维护保养一般由设备使用人员负责，主要是对设备进行清洁、补给、润滑、紧固和安全检视。这种维护保养难度不大，通常作为日常的工作内容，但比点检分工更细，要求更高。班组长负责对此进行检查。

三、保证设备不被异常操作

异常操作是指正常操作手法以外的操作。

异常操作可能会对设备、产品、人员造成损害，应该严格禁止和设法防止其发生。

尤其是新入厂员工，易发生不按操作规程执行而进行错误的操作设定。因而应制定对策，禁止异常操作。具体的对策可参考以下所述。

（一）操作标准化

即制定"设备操作规程"，并以此为依据来培训操作人员、维修人员、管理人员。操作人员须一步步确认，并经过考试合格后，才能操作设备。

设备操作规程必须包括以下内容。

（1）设备技术性能和允许的极限数。如最大负荷、压力、温度、电压、电流等。

（2）设备交接使用的规定。两班或三班连续运转的设备，岗位人员交接时必须对设备运行状况进行交接，内容包括：设备运转的异常情况、原有缺陷变化、运行参数的变化、故障及处理情况等。

（3）操作设备的步骤。包括操作前的准备工作和操作顺序。

（4）紧急情况处理的规定。

（5）设备使用中的安全注意事项。非本岗位操作人员，未经批准不得操作设备；任何人不得随意拆掉或调整安全保护装置等。

（6）设备运行中常见故障的排除方法。

（二）设置锁定装置

（1）通过计算机设定程序，或者在机械上设定异常操作锁定机构，使设备只能按正常步骤往下操作。

（2）操作键盘上设有透明保护盖（罩、护板），既可以看见动作状态，又能起保护作用，即使操作人员不小心碰到按键，设备也不会误动作。

（三）明确非操作人员不得操作

向所有人员讲明"非操作人员，严禁擅动设备，违者严惩"，对违反者给予处罚，设备旁边也应立一块明显标志以作提醒。

（四）制定异常补救措施

预先制定各种异常操作后的补救措施，并对操作人员进行培训，万一出现异常操作，也能将损失降到最低。

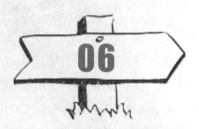

第六章
精益班组的
交货期管理

情景导入

杨老师："我想问大家一个问题，你所在班组有没有过因出现问题而导致产品交货期受到影响的事情发生？"

台下唰唰一片举手。

杨老师："看来，今天这节课是相当有必要的了。这么多人都遇到过这样的问题。"

小刘："杨老师，我们也不想耽误交货期，可是生产现场那么多不可控因素，有的甚至是让人措手不及。"

杨老师："是不是也曾经因为交货期延误，遭到客户的投诉，最后挨了领导一顿批？"

小刘："别提了，想起来现在都觉得后悔。"

杨老师："为什么？"

小刘："因为问题是可以提前预防处理的，我稍微松懈了一下，结果就……"

杨老师："所以说，交货期其实是可以得到保障的，关键在于我们是否用心地在做。"

小李："关于交货期保障，我们公司制定了一整套应急预案，包括前期物料采购、产品生产、检验等各个环节。另外，我们公司还针对生产现场交货期保障编制了一系列措施。自此以后，好像很少出现交货期延误的情况。"

杨老师："小李所在的公司在交货期保障方面做得的确不错，不过许多公司仍然面临着这样的问题。今天，我将从班组生产方面来讨论如何确保交货期。"

第一节　交货期管理基础

一、班组生产要有计划

计划是指预先决定要做什么、如何做、何时做、由谁做以及目标是什么等。尽管生产计划多种多样，但值得班组长关心的计划不外乎有几种：月生产计划、周生产计划、日生产计划、人员培训计划及轮流值日计划，因为它们对班组工作具有驱动作用。

（一）月生产计划

月生产计划实际上是一种准备计划，它是生产部门以年度计划和订单为依据，综合企业最近生产实际后制订的。该计划一般要提前一到两个月制订，覆盖周期为一个月，内容主要包括产品的型号、批号、批量、产量、生产组别等，制成后报副总经理批准，然后，发送到各相关部门执行。

（二）周生产计划

每周工作计划主要反映的是班组在一周内包括正常生产任务等的其他所有重要事项，既有上周未完成的事项，也有本周要处理的问题。该计划的目的是督促本班组的活动，以便做到按部就班工作。

周生产计划实际上是月生产计划中最近一周得以确定的部分，它是生产部根据生产信息变化和相关部门实际准备情况制定的现场用来安排生产的计划。它除了具有准备性外，更具有执行性。

图6-1　生产排程表

（三）日生产计划

日生产计划是生产现场唯一需要绝对执行的一种计划，它是生产现场各制造部门以周生产计划为依据给各班组做出的每日工作安排。制定的责任者是车间主任，制订方式是在生产例会上以口头形式核准周计划中的内容，然后，再由班组长按规定格式写在各自班组的看板上。如图6-1和图6-2所示为某企业的生产排程表、排班表和工作分配看板。

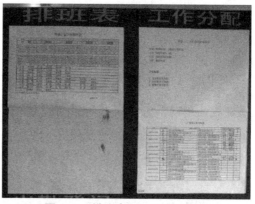

图6-2　排班表和工作分配看板

（四）轮流值日计划

1.工作值勤和值班计划

许多企业实行倒班制，班组需要安排人员值勤。工作值勤和值班计划主要安排非日常班组（如夜班、节假日值班等）的工作事务。工作值勤和值班计划一般在公司制度里都有明文规定，作为班组长一定要理解透彻，以便一方面有效地贯彻实施，另一方面可以为其他人员做出解释。

2.卫生轮值计划

卫生轮值计划主要是安排员工按一定周期（如工作日数或工作周）负责班组公共区域的清洁卫生。一般由班组长制定后呈车间主任批准，制订该计划时要考虑班组的区域状态和员工人数。该计划以人员实际变化为准，不限定周期，但习惯上每月应检查、修订一次。一般将复印件贴在本班组的看板（白板）上让大家都知道。卫生轮值计划须包括值日人员姓名、值

图6-3　清洁计划看板

日标志、完成状况标记、主要工作事项、检查情况等内容。清洁计划看板如图6-3所示。

二、预防并解决生产瓶颈

生产瓶颈实际上是整体生产运作中的一种不平衡现象，它极大地制约了生产能力、生产进度和生产效率，从而影响生产任务的完成。所以企业必须进行分辨，哪些是生产瓶颈并采取对应措施。

生产进度控制的关键是打破瓶颈，在生产系统内部改善整个流量的不平衡。发现瓶颈，并想办法解决问题提高效率，是提高班组生产效率、满足交货期的一个根本对策。

（一）生产瓶颈的表现方式

在生产中，瓶颈就是时间要求最多的工序，瓶颈的生产量决定整条流水线的产量。前道工序做得再快，只不过是堆积了很多半成品；后面工序做得再快，也需要等待前面的半成品生产出来，才能继续生产。

（1）工序方面的表现：A工序日夜加班赶货，而B工序则放假休工。

（2）半成品方面的表现：A工序半成品大量积压，B工序则在等货。

（3）均衡生产方面的表现，例如生产不配套。

（4）生产线上的表现：A 工序大量滞留，而 B 工序则流动正常。

（二）导致生产瓶颈出现的原因

引发瓶颈出现的因素包括材料、工艺技术、设备等，如表 6-1 所示。

表 6-1　引发瓶颈出现的因素

原因	细节描述
材料供应	个别工序或生产环节所需要的材料若供应不及时，就可能会造成生产停顿，而在该处形成瓶颈
工艺	工艺设计或作业图纸跟不上，从而影响生产作业的正常进度
设备	设备配置不足，或设备的正常检修与非正常修理也会影响该工序的正常生产
品质	若个别工序在生产上出现品质问题，会造成生产速度降低、返工、补件等情况，而使得生产进度放慢
时间	有些工序是必须要等待若干时间才能完成的，且不可人为缩短，这类工序也将会出现瓶颈
人员因素	个别工序的人员尤其是熟练工数量不足
突发性事件	因偶然事件或异动而造成瓶颈问题，比如人员调动、安全事故、材料延期、因品质不良而停产整顿等

（三）瓶颈的解决办法

生产瓶颈的解决办法如图 6-4 所示。

办法一　充分利用瓶颈中的所有时间

瓶颈的效率决定着整个生产流程的效率。所以，要想方设法利用瓶颈的每一分钟，不让瓶颈因午休等因素停产

办法二　不让瓶颈有任何因待料而产生的停工损失

在瓶颈工序的前面，可以多准备一些缓冲的安全库存，预防瓶颈工序断料。因为瓶颈工序的停工意味着整个生产必然降低效率

办法三　不让瓶颈工序出现短暂停机现象，或者降低生产速度

不要让瓶颈工序出现短暂停机现象，应保持生产速度不降低，从而确保缩短生产时间、提高生产效率

图 6-4

办法四 ▷ 不让瓶颈存在丝毫的动作浪费和加工浪费

瓶颈工序出现可能隐藏着技术部门带来的一些加工浪费。因此，需要通过流程效率的改善，寻找整个瓶颈过程中隐藏的浪费活动、等待活动、无用寻找活动，并加以排除。瓶颈中每找回、排除一分钟的无价值活动，企业的流水线就会多解放出来一分钟的产能

办法五 ▷ 不让瓶颈产生不良品

瓶颈产生一个不良品，它的生产效率就等于零，必须重新浪费一倍的时间再做出一个产品。所以，要尽量避免瓶颈产生不良品，所有的质量改进措施都必须面向瓶颈。优先改进瓶颈，以提高整条生产流水线的效率

办法六 ▷ 减少瓶颈后道工序的不良品或废品

假如瓶颈后道工序产生不良品或废品，意味着瓶颈工序做出来的半成品就白做了，这叫产生不良品或废品的损失。整个质量管理的第二优先顺序是管理瓶颈工序的后面几道工序。要想尽办法让它们不产生废品，更不能返工返修。因为只要一报废，就意味着瓶颈工序的效率损失，从而会对整个生产效率产生影响

办法七 ▷ 由瓶颈向前道工序传递需求信息

提前告诉前道工序瓶颈工序要做什么，以此保证瓶颈不会停工待料

办法八 ▷ 添加设备

如果在不添置机器的情况下用尽了一切办法，瓶颈还是无法消除。这时，工厂为了提高生产效率，就只好再添置设备，以排除瓶颈对整个生产效率的影响

图6-4 生产瓶颈的解决办法

三、及时跟踪控制生产进度

生产进度落后会直接影响交货期，所以现场必须对生产进度进行跟踪控制，以便把握准确的交货期。

（一）进度控制方法

1.设置进度看板

即在生产现场显眼的地方设置一个"生产进度看板"（图6-5），把预定目标及实际的生产数据，在第一时间同步反映出来。班组长通过查看该看板能及时把握具体的进度。

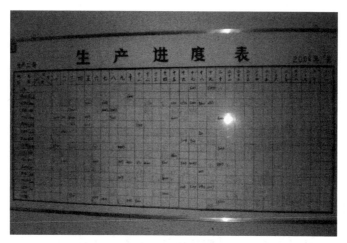

图 6-5　生产进度看板

2.查看各种报表

在跟踪生产进度的过程中，班组长要及时查看现场以及相关人员递交的各种相关表格，如生产量日统计表、作业日报表（表6-2）等。

表 6-2　作业日报表

姓名		部门		日期	
生产批号		产品名称		产品规格	
生产数量		良品数量		作业时间	
加班时间		加班作业内容		加班原因	
一天总结					

3.使用进度管理箱

为了掌握整体的生产进度，可以考虑使用进度管理箱。具体实施时，可以设计一个有60个小格的敞口箱子，每一个小格代表一个日期。每行的左边三格放生产指令单，右边三格放领料单。这样放置之后，抬头一看，如果有过期没有处理的，就说明进度落后了，要采取相关措施。

（二）处理落后的进度

在生产过程中，赶不上生产计划是很正常的。所以在出现生产进度落后时，要积极采取相关措施。

（1）调整班次，安排人员加班、轮班。

（2）外包生产。对于不急的订单可以外包给其他厂家，企业可集中精力主攻重要、紧急的订单。

第二节 交货期管理最优方法

作为班组长，怎样才能做好交货期的管理呢？保证在自己所负责的环节按时交货，是作为优秀的班组长所必须达到的要求。

一、严格执行生产计划

班组计划的执行成功与否，直接影响到相关部门的工作，比如，塑胶部件生产班组能否按计划完成任务，直接影响到后工序——装配线的工作。所以，班组长在接到生产计划时，需要先看清楚内容，然后带领班组认真去执行，一旦发现有问题时一定要事先呈报，而不要等事到临头受罚。

（一）执行生产计划的步骤

1. 接到月生产计划要确认

月生产计划的目的是做好生产前准备工作，如有问题，班组长必须事先向上通报。当班组长接到最新的月生产计划时，首先要仔细确认与自己相关的内容，如有疑虑，将问题点标示后，迅速向上级报告。比如：确认计划期内有无新产品，老产品的生产量有无变化，同类型的生产班组有哪些，整个计划是否有错误之处，执行计划的责任是否明确。

如没有任何问题，班组长签名后张贴于班组的白板上，向大家公布执行。另外，识别计划中的生产要求，着手准备"4M1E"因素所关联的需求事项。如果计划生产的产品全部都是老产品时，月生产计划的发行日期允许提前一个月，但如果有新产品或试产品时，则必须提前两个月。

2. 充分了解周生产计划

（1）周生产计划内容。周生产计划一定要把上周遗留事项与本周待处理事项的具体工作罗列出来，并注明责任人、完成日期及完成状况，如图6-6所示。

（2）周生产计划准备。由于周生产计划的管理期限比较短，所以，对于班组来说，周生产计划比月生产计划更实用些。班组长在做周生产计划时需要做好以下准备工作，如图6-7所示。

周生产计划的格式一般与月生产计划相类似，只是覆盖的生产进程只有两周而已。该计划应在上周周三前制成，并在得到生产协调会议商讨后发给各相关部门执行。发行后的周生产计划一般不予变更，但在有生产事故、重要顾客的紧急订单等特殊原因时除外。虽然周生产计划可以沿用月生产计划的格式，但是，有些行业为了能更突出管理要点，必要时也可以由生产管理部门另行设计。

（3）执行日生产计划。班组长在执行时应按以下要求处理，如图6-8所示。

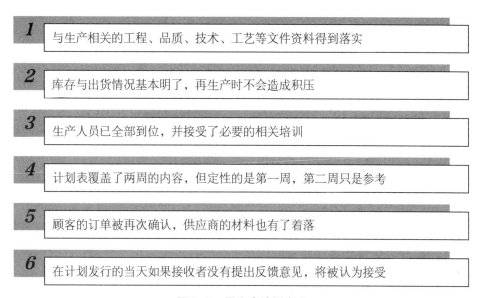

1 与生产相关的工程、品质、技术、工艺等文件资料得到落实

2 库存与出货情况基本明了，再生产时不会造成积压

3 生产人员已全部到位，并接受了必要的相关培训

4 计划表覆盖了两周的内容，但定性的是第一周，第二周只是参考

5 顾客的订单被再次确认，供应商的材料也有了着落

6 在计划发行的当天如果接收者没有提出反馈意见，将被认为接受

图6-6　周生产计划内容

工作一　确认无误后分发给各生产小组长，让他们安排工作

工作二　消除各种变异因素对计划可能产生的影响，如材料不到位、场地筹划欠妥、技术指标变更、工艺更改、机器维修、添置工具等

工作三　进一步落实计划项目的执行性，非特殊情形，各种准备事项原则上应提前一天全部完成

工作四　着手准备日生产计划实施方案，向车间主任报告

图6-7　周生产计划的准备工作

（二）计划执行的诀窍

1.执行计划时要尽量减少转换模型的频次

当周生产计划中的某一时段包含多个产品模型时，班组长要从持续生产的角度出发安排日生产计划，把转换模型的概率降到最低。

2.优先完成容易生产的产品

就像考生答试卷一样，总是要先挑容易完成的题目回答，然后，集中精力解决难题。生产也是如此，如果条件许可，班组应先完成一些容易出结果的任务，这样可以减轻部分工作压力。

要求一	计划内容是铁定的，容不得半点疑问，如完不成时要承担责任
要求二	如果不能按时段完成计划的数量，则通常需要立即采取措施，如申请人员支援、提高速度、加班等
要求三	如超额完成数量，须提前向上级报告
要求四	计划中分时段规定生产数量，以便于及时跟踪
要求五	该计划是班组长制定生产日报的依据

图6-8　执行日生产计划的要求

3. 让熟悉的人做熟悉的事情

作为班组长，应较全面地了解自己的员工，掌握员工的做事风格。例如，对于新进员工，应尽量把那些不易发生问题的产品分给他们去做；对于熟练的员工，则要让他们做难做的事情，以显示信任，增强员工的自信心。

4. 与相关部门协调好关系，达成共识

虽然生产是现场班组的职责，但是，它需要诸如品管、工程技术、物料等诸多部门的密切配合。只有他们合作到位了，才能使生产的软、硬环境对生产有利，进而能够顺利完成计划。

二、抓好流水线作业

流水线（图6-9）就是通过某种形式将很多个各自独立的个体，有机地联系在一起，并使其彼此关联并互相制约，统一频率和速度，形成高效匀速生产的作业流程。

图6-9　实施流水作业并使分工细化

（一）流水线的特点

流水线的特点如表 6-3 所示。

表 6-3　流水线的特点

序号	特点	具体解析
1	作业分工程度高，工序衔接紧密	每个人只做几道工序，加起来就生产出一件产品；但前一道工序若作业缺漏或者效果欠佳的话，会影响后一道工序的顺利进行
2	生产要素有序配置且高度集中	一条生产线如何布局、每个人要完成哪几道工序、用多少材料、什么时候送到等问题，都须事先周密布置，不能缺漏其中任何一环，否则生产就无法进行
3	生产要素呈节拍性流动	每一道工序的加工时间是多长、隔多长时间投入材料、每一个动作需要多长时间、手工作业、机器作业、材料搬运等都要遵循该节拍。太快不行，太慢也不行。各生产要素的动作时间要么相等，要么呈整倍数关系
4	不良品成批发生，品质确保难度大	由于生产的不间断性，不良品很少在第一次发生时就被发现并得到有效处理，往往要到一定数量才引起重视
5	生产能力强，交货期容易确定	由于生产要素高度集中，而且是按一定节拍动作的，所以每一件产品的产出时间以及每一个生产计划的完成时间都能准确地计算出来

（二）流水线管理的重点

1. 投入和产出

根据标准时间（生产1个产品需要多长时间），那么1小时能够生产多少个产品，就可以算出来。

2. 跟点作业

在能力所及、速度可达的范围内，在指定的时间里，完成一个组装动作，将完成品放入流水线上划定的间隔点（线）上。为了使作业能够很好地跟上点，必须要求每一个员工全身心投入工作中去，不可开小差，更不能一边工作一边做其他与工作无关的事情。

（三）流水线的管理要领

流水线（图 6-10 和图 6-11）的管理要领如表 6-4 所示。

表 6-4　流水线的管理要领

序号	要领	说明
1	线点颜色要鲜艳	流水线线点颜色要鲜艳，与输送带底色完全不同，且粘贴牢固，当有两套以上线点（混流）时，识别颜色必须不同
2	输送带行进速度要稳定	输送带行进速度（节拍）必须经常验证，以保持稳定
3	特别留意连接过渡处、转弯处	前后两条输送带的连接过渡处、转弯处，要注意能否顺利流动

序号	要领	说明
4	摆放人性化	前工序跟点投入时，作业对象的摆放方向要尽量为后工序的拿取方便着想
5	输送带上不得搭建各种托架	如果不得已需要将一些小型设备摆放在流水线上的话，应该用统一式样的台架支撑起来，以达到美观的效果
6	流水线的开动、停止	流水线正常班次的开动、停止，由靠近电源控制开关的作业人员代为实施即可。因生产要素不良而导致停止时，其命令要由相应的管理人员下达，作业人员不得擅自停止。如遇生命财产将要遭受重大损失时，作业人员可以紧急开动或停止流水线
7	流水线平衡效率	在正常情况下，不熟练的顶位对工时平衡破坏最大，常常出现堆积、跳空，因此一定要小心安排好
8	堆积识别	由于设备、材料、作业方法而引发的不良，造成中途工序出现大量堆积时，首先要将堆积的作业对象离线存放好，并做好识别管理
9	输送带要随时保持整洁	可在前后两端，设置半湿润清洁拖布或粘物辊筒，清除输送带上的脏物
10	取放方法要明确并加以培训	（1）一般而言是"左进右出"或"右进左出"，这样取放双手便可同步进行。若左侧对着流水线，则左手取放作业对象兼投料，右手操作设备、仪器较好 （2）若右侧对着流水线，则右手取放作业对象兼操作设备、仪器，左手投料 （3）对取放的方法和时机，在作业人员上岗培训时加以说明，并使其严格遵守
11	线点数量控制	（1）线点不是越多越好，点数设定越多，在线库存越多，但前后两个工序之间的点数不少于两点 （2）生产结束时，必须将流水线上的产品遮盖防尘，或收回工序内暂时存放，次日再重新摆放到流水线上 （3）对人手台面传递的流水线作业，要控制好第一个工序的投入数量，整条生产线的产出才有保障

图 6-10　前后工序紧密衔接

图 6-11　输送带式的流水线

（四）流水线作业的常见问题

流水线作业管理常见问题有四个方面，如图6-12所示。

这些问题不但没有发挥流水线的优点，相反还会直接导致作业品质的下降、影响生产交货期，作为班组长要多加留意并及时处理。

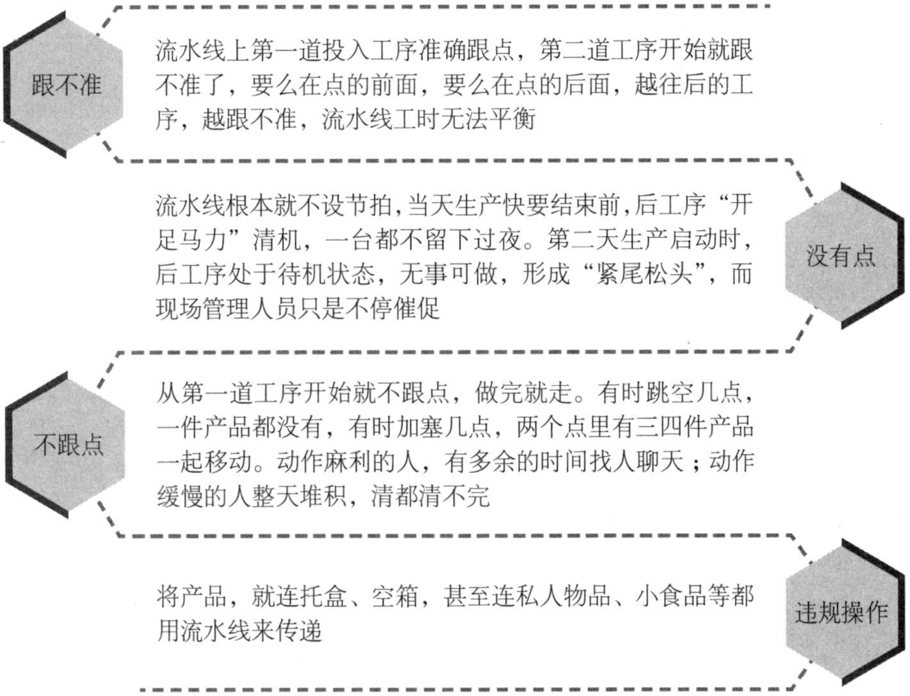

跟不准
流水线上第一道投入工序准确跟点，第二道工序开始就跟不准了，要么在点的前面，要么在点的后面，越往后的工序，越跟不准，流水线工时无法平衡

没有点
流水线根本就不设节拍，当天生产快要结束前，后工序"开足马力"清机，一台都不留下过夜。第二天生产启动时，后工序处于待机状态，无事可做，形成"紧尾松头"，而现场管理人员只是不停催促

不跟点
从第一道工序开始就不跟点，做完就走。有时跳空几点，一件产品都没有，有时加塞几点，两个点里有三四件产品一起移动。动作麻利的人，有多余的时间找人聊天；动作缓慢的人整天堆积，清都清不完

违规操作
将产品，就连托盒、空箱，甚至连私人物品、小食品等都用流水线来传递

图6-12　流水线作业管理常见四大问题

三、及时处理生产异常

生产异常在生产作业活动中是比较常见的，作为班组长应及时掌握异常状况，适当适时采取相应对策，以确保生产任务的完成，满足客户交货期的要求。

（一）了解生产异常

生产异常的出现具有很大偶然性。在生产现场，由于计划的变更、设备的异常、物料供应不及时（断料）等原因会产生异常。班组长可采取以下方法掌握现场的异常情形，如图6-13所示。

（二）处理生产异常

班组长在发现现场的生产异常情形后，要在第一时间将其排除，并将处理结果向生产主管反映。具体的异常排除措施如表6-5所示。

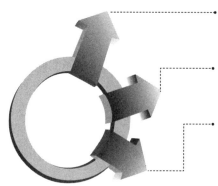

设置异常管理看板，并随时查看看板

通过"生产进度跟踪表"将生产实绩与计划产量对比，以了解异常

设定异常标准，通过现场巡查发现问题点来判断是否异常

图 6-13　掌握现场异常情形的方法

表 6-5　异常排除措施

序号	异常情形	排除说明
1	生产计划异常	（1）根据计划调整，做出迅速合理的工作安排，保证生产效率，使总产量保持不变 （2）安排因计划调整而余留的成品、半成品、原物料的盘点、入库、清退等处理工作 （3）安排因计划调整而闲置的人员做前加工或原产品生产等工作 （4）安排人员以最快速度做计划更换的物料、设备等准备工作
2	物料异常	（1）物料即将告缺前 30 分钟，用警示灯、电话或书面形式将物料信息反馈给相关部门 （2）物料告缺前 10 分钟确认物料何时可以续上 （3）如物料属短暂断料，可安排闲置人员做前加工、整理整顿或其他零星工作 （4）如物料断料时间较长，要考虑将计划变更，安排生产其他产品
3	设备异常	（1）发生设备异常时，立即通知技术人员协助排除 （2）安排闲置人员做整理整顿或前加工工作 （3）如设备故障不易排除，需较长时间，应安排做其他的相关工作
4	制程品质异常	（1）异常发生时，迅速用警示灯、电话或其他方式通知品管部及相关部门 （2）协助品管部、责任部门一起研讨对策 （3）配合临时对策的实施，以确保生产任务的达成 （4）对策实施前，可安排闲置人员做前加工或整理整顿工作 （5）异常确属暂时无法排除时，应向管理者反映，并考虑变更计划
5	设计工艺异常	（1）迅速通知工程技术人员前来解决 （2）短时间难以解决的，向管理者反映，并考虑变更计划
6	水电异常	（1）迅速采取降低损失的措施 （2）迅速通知行政后勤人员加以处理 （3）人员可做其他工作安排

（三）填写生产异常报告单

班组如果发生生产异常，就有异常工时产生，异常工时在 10 分钟以上时，应填具"生产异常报告单"。其内容一般应包含生产批号、产品规格、异常发生部门、发生日期、

起讫时间、异常描述、停工人数、异常工时、应急对策、责任单位分析对策（根本对策）等，如表6-6所示。

表6-6　生产异常报告单

生产批号		产品规格		异常发生部门	
发生日期		起讫时间		自　时　分至　时　分	
异常描述			异常数量		
停工人数		影响度		异常工时	
紧急对策					
填表单位	主管：		审核：		填表：
责任单位分析对策					
责任单位	主管：		审核：		填表：
会签					

第三节　交货期管理注意事项

一、处理好紧急订单

在计划的实际执行中，经常会接到各种计划外的生产订单。由于急单出货时间未定、期限紧，在生产安排时必须认真处理。

遇有各种紧急订单时，班组长要配合管理者全力安排完成，具体可从以下几方面进行，如图6-14所示。

1　分清订单的紧急程度，并视具体的客户类型进行安排

2　可与原有的计划订单进行协调，将不急的订单往后安排，重点安排急单的生产

3　安排加班、轮班，在按计划生产的同时，加紧急单的生产

4　指派专人对急单的生产进行跟踪，随时掌握具体的生产进度

图6-14　处理好紧急订单

二、计划延误要想办法补救

由于出现急单、物料供应落后、机器故障等情形，经常导致现场的计划出现延误。计划如果有延误的预兆，交货期就会受到影响。所以班组长必须掌握现场的具体生产情形，并及时补救，具体步骤如图 6-15 所示。

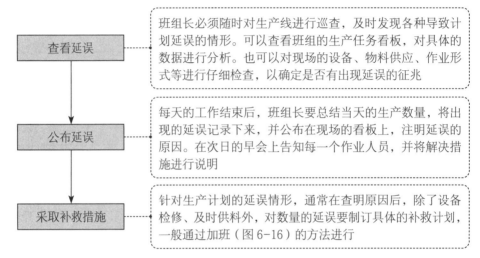

图 6-15　计划延误补救措施具体步骤

图 6-16　加班通知

在安排加班时，尽量不要将所有的任务累计起来而集中到某一休息日（周末）进行，最好将任务平均安排在工作时间内，可以每天安排加 1~2 小时的班。

讲师提醒

三、客户更改交货期要及时应对

由于特殊原因客户要更改交货期，班组长要及时与相关人员进行沟通，并及时地调整生产，尽量保证交货期。

（一）调整生产进度

根据客户的交货期，调整生产的进度，具体应发出"进度修订通知单"（表6-7），调整生产计划。

表6-7　进度修订通知单

收受：　　　　　　日期：_____年___月___日　　　　　　　编号：

订单号	品名	类别	投料/日期	完工/日期	数量	修订日期
		原进度				
		修订进度				
		原进度				
		修订进度				
		原进度				
		修订进度				
生产主管：			承办：			

（二）安排生产

如果交货期提前，班组长要耐心向员工说明，并安排加班，对于不急、不重要的订单可以延后生产。如果交货期延后，则可以调整生产计划，将其他订单优先生产，但必须保证调整后的订单能按期交货。

四、要注意瓶颈位置的转移

企业原来的瓶颈改善后，它可能转移到原来第二名的位置。因原来瓶颈的效率提升，导致新瓶颈产生。所以，只有持续进行瓶颈的攻坚战，不断地想办法，找出新瓶颈在哪里，不断解决瓶颈，整条流水线的产量才会提高，才能够满足交货期。

（一）瓶颈位置的转移

1.瓶颈转移的方向

瓶颈可能由一台设备向另一台设备转移；也可能从一个工位向另一个工位转移；还可能从一个部门向另一个部门转移。如生产部门能够高效生产，瓶颈就可能转移到业务部门，生产部门需要更多的订单，才能满足生产的高效率。

2.瓶颈的具体形态

瓶颈的形态，可能是物理性的，也可能是流程性的，还有可能是政策性的。

物理性和流程性的瓶颈好理解，政策性的瓶颈是指企业的政策，可能造成整个效率难以达到最高，比如不正确的绩效考核制度，可能成为企业运营的瓶颈。

（二）查找瓶颈的正确方法

班组长要打破瓶颈，首先需要发现瓶颈的位置。在传统的生产流水线或生产车间中，要发现瓶颈在哪里可能不太容易。

1.观察法

即班组长查看车间里每一道工序和每一台设备，看哪一套工序或设备的前面堆积着很多待加工的半成品，很可能这道工序或设备就是瓶颈。

2.先做5S

观察法很简单，但很多企业做不到。因为很多企业的半成品堆积在中转仓库，根本看不出来哪里是瓶颈。在这种情况下，企业可以先做5S管理活动，让现场井然有序，即现场出现的东西，尽可能地定量限制。借助这种方法比较容易发现瓶颈。

3.IE 的运用

IE 又叫工业工程学，是关于怎样做工程分析、怎样做动作分析、怎样做时间分析、怎样进行平衡率分析和怎样进行搬运分析的学科。简单来说，就是如何把生产资源最合理地配置在一起。

如果通过5S 还不能发现瓶颈，就只能通过 IE 进行纸上作业。计算每一道工序的作业时间，依据理论时间的测算，来估计瓶颈可能在哪个工位。

讲师提醒

　　挖掘瓶颈的关键是，不管是制造流程，还是管理流程，都让它们透明化、可视化、标准化、安定化。只有这样，管理才能到位。

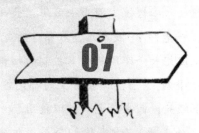

第七章

精益班组的成本控制

情景导入

　　杨老师："许多企业难以'开源'，便从'节流'方面采取措施，以此来减少企业的运营成本。班组作为企业最基层的生产单位，当然也应有效控制班组成本。作为优秀的班组长，理所应当考虑班组成本的控制措施。因此，今天，我们将重点为大家讲解班组的成本控制。"

　　小刘："就是，我们企业今年一直在强调要控制成本，每月班组都要上交一份班组成本控制成效总结。可是，有的事情不是想做就一定可以立刻见效的。这不，我记得上周另一班组长就是由于成本控制工作没有做好，直接被降职了。"

　　杨老师："对于你们企业的做法，我的意见是想法是好的，但对采取的措施却不赞同。因为班组成本控制的责任与义务，不应该由班组长一个人全力承担。当发现问题时，最重要的是找到解决问题的方法。"

　　小刘："我也是这样认为的，由于企业现在天天强调班组要控制成本，弄得许多班组长人心惶惶。因为很多班组长并不清楚应该如何来控制成本。"

　　杨老师："没事儿，相信你听完今天的课之后，定会有所收获，回去后就可以向其他班组长介绍班组成本控制的知识了。"

　　小刘："当然，在这里的都是各个公司非常优秀的班组长，我也可以向大家讨教一下经验，回去后也好学以致用。"

　　杨老师："看来你们公司派你来参加培训，的确是一个明智的决定。相信你们公司有你这样的员工，一定会发展得越来越好。现在，我们开始进入正题吧。首先，请大家想想什么是成本？怎样找出班组中所存在的各种浪费？"

　　小李："老师，我认为要想找出班组中的浪费，可以采用3U MEMO法，我们公司采用了这种方法，效果挺好的。"

　　杨老师："很好，那我现在就给大家讲讲什么是3U MEMO法吧。"

班组是生产企业的基本单元。班组的费用支出占企业的生产费用90%以上，企业要想控制成本，节能挖潜，降低费用的支出，就应从基层做起。

第一节　成本控制基础

一、树立班组成本意识

要达到成本最低化的目的，必须实行全面成本管理，即全公司、全员、全过程的管理，做到人人参与。从产品生产管理组织流程的每一个环节、每一个工艺、每一个部门，甚至生产现场的每一个工位操作工，各班组使用各种消耗、维修返工的材料零件金额等纳入成本管理中，培养全员充分发挥主动积极性，参与到成本管理工作中，让各部门全体员工自主改善，不断降低成本，使经营层与各部门员工具有降低成本的一致性，谋求在最低成本状态下，进行生产管理与组织运作。

然而，企业的领导和相关管理人员心急火燎，其他人员，特别是班组员工不以为意，感受不到压力，甚至一些员工认为"管理是干部的事，我只管把活干好就可以了"。这不能埋怨一线员工，只是充分说明，全员的成本意识还不强，企业的领导和管理者没有真正树立全员成本控制的意识，没有形成和掌握全员抓生产成本控制的思路和方法。

企业的领导应重视降本增效工作，通过简报、内部报刊、网站等形式进行广泛宣传，使员工正确认识企业目前所处的经济环境和市场形势，公司实施降本增效举措，推广、实施优秀成本管理办法，增强员工大局意识、责任意识，以降本增效为出发点，从我做起，从岗位做起，从身边的小事做起，节约一张纸、一滴水、一度电，精打细算降低消耗。树立过"紧日子"的观念，与企业共渡难关，充分调动职工降本增效的积极性，形成公司上下全员参与成本管理，人人关注降本增效的浓厚氛围。

二、明确班组成本职责

要明确班组成本的职责，首先应了解班组成本的构成。

（一）班组成本的构成

企业为生产一定种类、一定数量的产品而发生的各种生产费用支出的总和构成了产品生产成本。而所有在班组消耗的人力、物力、财力均是班组成本的组成部分，具体如

图 7-1 所示。

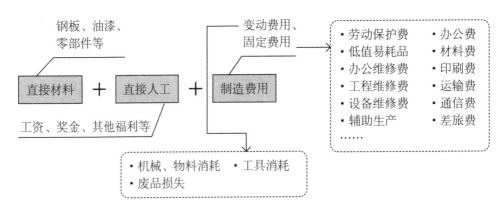

图 7-1 班组成本的构成

（二）班组成本管理工作内容与职责

成本控制是公司内每一个成员都要关注的事情，作为班组长，更有责任关注成本，并要力求控制成本、开源节流。班组成本管理工作内容如表 7-1 所示。

表 7-1 班组成本管理工作内容

两大方向	四项工作	班组长职责
浪费控制	掌握基础	（1）了解成本的概念 （2）了解公司产品的成本构成 （3）掌握班组的成本构成重点
	监督行为	（1）有发现浪费现象的能力，掌握班组常见的浪费现象 （2）了解浪费与公司、班组及个人的关系
	指导方法	（1）指导直接材料的收、发、存及异常处理 （2）指导班组常用生产制造费用的业务处理 （3）指导班组日常表格和表单的填写 （4）掌握班组各项基础成本工作方法
降本改善	管理改善	（1）掌握改善的途径 （2）了解改善的内容和方向 （3）掌握一定的改善方法，并带领和指导班组员工实施改善

三、建立和健全各项经济定额

定额是实行车间班组成本管理的基础，也是考核公司生产经营活动的尺度。企业应建立和健全各项经济定额，包括劳动定额，原材料、燃料、动力、检修、工具的消耗定额、设备利用定额，物资储备定额，资金占用和费用开支定额等。定额要经过经济管理人员、工程技术人员和工人共同研究制定。随着生产技术的进步和管理工作的改善，要及时修订定额，一般每年修订一次，以保持其先进性。

四、建立并规范班组成本管理台账

企业应依据成本管理的项目和内容，建立班组成本管理台账。台账格式及填制要求由公司统一制定，台账内容由各车间班组根据成本管理指标设定，每日按时编制，每月作为车间班组考核评比的依据。

（一）健全的原始记录

健全的原始记录，是研究公司各项生产经营活动的第一手资料，也是开展全面车间班组成本管理，考核经济效果的依据。对生产经营各个环节的原始记录，包括产品数量、质量、人力、物力、财力消耗，必须准确、完整、及时地记录下来，要统一各种原始记录的格式、内容、填制方法、签署传递和汇集方法，并形成制度。

（二）建立班组物料消耗台账

为及时掌握班组物料消耗状况，检验成本控制措施是否有效，必须在班组建立物料消耗台账，生产车间的成本核算员积极帮助各个班组建立主要材料的消耗台账（表7-2），内容除了记录每月各种材料的消耗量外，还应将各种物料今年的降低的目标值、上年度实际单耗、定额数据也列在其中，以便于班组长进行差异比较。

表 7-2　班组物料消耗台账

日期	物资名称	规格	单价	当班领用量	当班消耗量	金额	发料人	领料人

本班当月材料费计划____元，实际消耗____元，节/超____元。

（三）严格计量验收制度

严格计量验收制度，保证原始记录的可靠性。计量工作不健全，公司内部各单位之间的经济往来就无法进行结算。因此，要做好全面的车间班组成本管理工作，必须配备和安装必要的计量器具和仪表，并经常进行检修和校正，保持计量数据的准确可靠。

由于仪表暂时配置不全，需要分摊费用的，要在各单位计划财务部门的主持下，由供需双方商定合理的分配比例，防止单位之间发生纠纷，影响内部结算工作的正常进行，并尽快把暂缺的计量仪表器具配齐。

（四）班组成本管理台账的维护

生产车间的材料员负责向各个班组提供当月各种材料的领用量，班组的成本核算员负责按此进行登录，生产车间的成本核算员负责稽核材料员所供领用量的准确性。

五、完善班组成本管理考核机制

建立完善的车间班组成本管理考核机制，是促进车间班组成本管理工作持续健康运行的保证。

（一）合理确定成本管理指标

各单位计划财务部门结合本单位的具体情况，通过分析影响各班组成本的因素，确定班组成本管理的项目及内容，并将上级部门下达的业绩考核指标与车间成本管理指标挂钩。通过推行全面预算管理，严格成本核算，以动态的形式全面开展车间成本核算，根据实际情况适时调整车间成本指标，并及时分析完成情况，找出不足与差距，有效降低成本，努力降本增效。

各班组依据车间成本管理的内容，合理确定各班组成本管理指标。班组成本管理指标可以是成本指标，也可以是产量、物料消耗、动力消耗、产品质量、生产运行状况等数量及评价指标。

讲师提醒

为保证车间班组成本管理工作的正常开展，做好各车间班组绩效考核工作，在各班组应设置管理会计岗位。管理会计原则上每个车间配备一人，但工作量少的车间也可兼任。

（二）班组成本管理业绩的考核、兑现

生产车间每年度按照各个班组实际的物料消耗计算其班组成本，然后对照班组降成本指标及班组成本考核目标责任书，进行降成本绩效的考核，完成业绩好的予以激励，未完成考核指标的班组，按目标责任书进行绩效扣发，同时还将是否完成班组降成本目标作为各班组评先创优的一项重要考核指标。

第二节　成本控制最优方法

一、现场改善以消除浪费

（一）现场浪费有哪些

1.超量生产造成的无效劳动

超额完成生产任务、过多制造和提前生产，常被认为是好事，其实它是一种浪费，

结果是生产过剩的成品、在制品堆满生产现场和仓库，增加了储存、运输、资金和利息支出。由于有了储备，还掩盖了生产过程的许多矛盾，养成了懒散的管理作风。具体来讲主要包括以下六个方面，如图7-2所示。

提早消耗原材料

浪费人力及设备

增加机器负荷

无效劳动的
六个方面

资金占用，增加利息负担

增加额外的场地储存货物

增加搬运和管理的成本

图7-2 超量生产造成的无效劳动

2.库存过多造成的浪费

不少企业认为库存是必要的，多一点储存多一点保险。同时又发现资金都积压在原材料、在制品和成品上，企业的利润有相当一部分被贷款利息抵消了。由于库存过久，还会产生锈蚀变质。在加工或装配之前，又得花费很多时间去修整。在制品和库存物资需要很多人去清点、整理、整顿，这种浪费隐藏在企业的每个角落。

3.等待造成的浪费

等待就是坐等下一个动作的来临，这种浪费是毋庸置疑的。造成等待的原因通常有：作业不平衡、作业安排不当、停工待料、品质不良等。

以制造部性能试验室等待电控盘为例，由于电控盘不能按要求及时入厂，有可能无法按期交货，而当电控盘入厂后，又需要抢进度，可能会出现加班、质量问题等。

还有一种是"监视机器"的浪费，有些工厂买了一些速度快、价格高的自动化机器，为了使其能正常运转或其他原因，例如排除小故障、补充材料等，通常还会另外安排人员站在旁边监视。虽然是自动设备，但仍需人员在旁照顾，故称为"闲视"的浪费；又如在产品检测过程中，调试人员和核检人员站在产品旁边等待。

由于劳动分工过细，生产工人只管生产操作，设备坏了要找修理工，检查质量要找检验工，更换模具要找调整工，这些停机找人等待都是浪费。在生产上，人操作机床期间，设备维修等那些非直接生产工人也都在等待。

4.搬运造成的浪费

搬运在工厂里是必要的，但搬运不产生任何附加价值。有些工厂由于平面布置、物流组织不合理，造成搬运路线过长，中转环节过多，不仅增加了搬运费用，还会带来物体搬运中的损坏和丢失，这些都是浪费。

5.动作上的浪费

工位布置不合理，使用工具和操作方法不得当，都会造成动作上的浪费。一个作业人员的劳动可以分成三个部分，如图7-5所示。

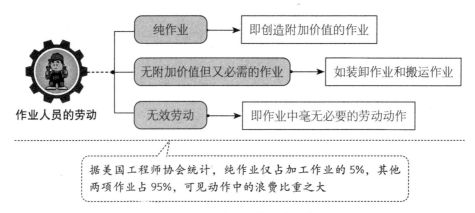

据美国工程师协会统计，纯作业仅占加工作业的 5%，其他两项作业占 95%，可见动作中的浪费比重之大

图 7-3　作业人员的劳动组成

（二）运用 3U MEMO 法找出浪费

发现存在于工作现场的 3U，即不合理（unreasonableness）、不均匀（unevenness）、浪费和无效（uselessness），使其显在化，这就是 3U MEMO。

1.应用范围

（1）将结果当作改善提案提出。

（2）作为提案的附件，则更具效果。

（3）可用于组织制度等的改善活动。

（4）可活用于 QCC（quality control circle，品管圈）活动。

（5）可作为技术信息搜集的横向发展。

2.3U MEMO 的填写程序

3U MEMO 在填写问题点阶段,应利用5W1H,掌握定量的实际情形,如表7-3所示。

表 7-3　3U MEMO 表

部门			姓名
作业内容			
要点	工序		□ 1.不合理 □ 2.不均匀 □ 3.浪费
日期 （略图）		问题点	

解决方案		实施日期 （简图）	
说明事项	成果		与提案的关系
	金额		

3.3U MEMO 实施改善手法

（1）目不转睛地观察 5 分钟。主要是观察 5W1H 的相关事项，即何事（what）、为何（why）、何处（where）、何时（when）、何人（who）以及何种方法（how）。

（2）找出人、材料、设备、方法等的不合理、不均匀、浪费和无效处，如表 7-4 所示。

表 7-4　3U MEMO 检查表

检查 效果	检查对象		
	作业者	机械、设备	材料
勉 强	（1）作业人员是否太少 （2）人员的调配是否适当 （3）能否工作得更舒服一点 （4）能否更为清闲一点 （5）姿势 （6）处理方法有无勉强之处	（1）机械的能力是否良好 （2）机械的精度是否良好 （3）计量器具的精度是否良好	（1）材质、强度是否有勉强之处 （2）是否有难以加工之处 （3）交货期是否有勉强之处
浪 费	（1）有无"等待"的现象 （2）作业空暇是否太多 （3）有无不必要的移动 （4）工作的程序是否良好 （5）人员的配置是否适当	（1）机械的转动状态如何 （2）钻模是否妥善地被活用 （3）机械的加工能力（大小、精度）有无浪费之处 （4）有无进行自动化、省力化 （5）平均的转动率是否适当	（1）废弃物是否能加以利用 （2）材料是否剩余很多 （3）修正的程度如何 （4）有无再度涂饰
不 均	（1）忙与闲的不均情形如何 （2）工作量的不均情形如何 （3）个人差异是否很大 （4）动作的联系是否顺利，有无相互等待的情形	（1）工程的负荷是否均衡 （2）有无等待的时间、空闲的时间 （3）生产线是否平衡，有无不均衡的情形	（1）材质有无不均的现象 （2）有无发生歪曲的现象 （3）材料是否能充分地供应 （4）尺寸、精度的误差是否在允许的范围之内

（三）现场改善和消除浪费的方法

班组长在找到浪费的情况后，要运用 IE 手法、QC 手法等与同事共同商讨对策并实施。

1. IE 手法

IE 是指 industrial engineering（工业工程），由两个英文单词的首字母结合而成。

IE 手法包括：方法研究（程序分析、动作分析）、作业测定、布置研究、生产线平衡等。在现场，IE 七大手法包括：程序分析、动作分析、搬运分析、动作经济原则、作业测定、布置研究、生产线平衡。

2. QC 手法

QC 手法有新旧之分。

（1）QC 旧七大手法：特性要因分析图、柏拉图、查检表、层别法、散布图、直方图、管制图。

（2）QC 新七大手法：关系图、系统图法、KJ 法、箭头图法、矩阵图法、PAPC 法、矩阵数据解析法。

二、直接物料成本降低

（一）做好班组直接材料的领料管理

班组生产领料时必须按照规定，根据物料 BOM 清单和生产任务单，认真核算物料的需求量，填写领料单（有的企业制定限额领料单，如表 7-5 和表 7-6 所示）后向仓库领料。

表 7-5　物料申领单

制造单号：　　　　　　　　　　　　　　　　　申领日期：____年__月__日

领料部门			部门编号			
领料人			批准人			
物料用途说明						
物料形态说明	□原材料　□辅助材料　□半成品　□成品　□不良品　□其他					
物料编号	品名规格	申领数量	实发量	不足量	单价	发料人	备注
复核		仓储部经理		领料人签收	
		仓库主管			
		仓库管理员			

表 7-6　限额领料单

编号：

领料部门					仓库			
日期		至			物品用途			
计划生产量					实际生产量			
物品名称	物品编号	规格	单位	领用限额	调整后限额	实际耗用		
						数量	单价	金额
领料记录								
领料日期	请领数量	实发			退料			限额结余
		数量	发料人	领料人	数量	收料人	领料人	

计划部门：　　　　　　供应部门：　　　　　　仓管员：　　　　　　领料部门（人）：

班组需要领料时，必须由班组成本核算员或班组长先到库房领取领料单，填写完后再到库房领取，严禁先领料后补单据。领料单严禁涂改，如有笔误，在写错的地方进行涂改，并在涂改处签字确认。

（二）做好生产现场的存货管理

生产车间在生产过程中按生产计划领料后，须做好临时在现场摆放物料的储存工作。

1.现场物料保管的要求

凡领用的贵重材料、小材料，必须在室内规划出合适的地方放置，并加锁保管，按定额发放使用。

凡领用的机器设备、钢材、木材等大宗材料，若需暂时存放在生产线现场，必须堆放整齐，下垫上盖，并由专人负责管理。

上线加工必须做到工完料净，把剩余的材料全部回收，登记入账，留作备用。

2.现场物料的堆放

现场物料的堆放应注意七点内容，如图 7-4 所示。

3.暂时不用物料的管理

暂时不用的物料是指由于生产要素的制约或突变，本次生产活动结束后，仍无法全部使用完毕的材料，包括呆料、旧料。

内容一 >	最大化利用存储空间，尽量采取立体堆放方式，提高生产现场空间的使用率
内容二 >	利用机器装卸，如使用加高机，以增加物料堆放的空间
内容三 >	车间的通道应有适当的宽度，并保持一定的装卸空间，保持物料搬运的顺畅，同时不影响物料装卸工作效率
内容四 >	不同的物料应依物料本身形状、性质和价值等考虑不同的堆放方式
内容五 >	考虑先进先出的原则
内容六 >	物料的堆放，要考虑存储数量读取方便
内容七 >	物料的堆放应易于识别与检查，如良品、不良品、呆料和废料均应分开放置

图 7-4　现场物料的堆放

现场长时间放置上述物料，会造成串用、丢失，管理成本增大及浪费空间等负面效果。现场对暂时不用物料的管理措施如表 7-7 所示。

表 7-7　现场对暂时不用物料的管理措施

序号	管理措施	具体说明
1	设置"暂时存放区"：即在现场规划出一块区域，做上标志，将所有暂时不用的物料，封存好后移到该处	（1）只有小日程（即每个作业人员或机械从作业开始到结束为止的计划，时间从数日到数星期）计划生产的材料才可以在"暂时存放区"摆放 （2）虽然小日程计划生产需要，但是数量多、体积庞大，或保管条件复杂的材料，应退回仓库管理 （3）中日程（即关于制造日程的计划，时间多为一个月或数个月）或是大日程（即为期数月至数年的计划，规定了从产品设计开始到原材料、部件采购直至产品加工制造这一段时间）计划生产需要的材料，应退回仓库管理 （4）不管是现场保管还是退回仓库，都必须保证物料的质量不会有任何劣化
2	机种切换前材料全部清场	从第一个生产工序开始，回收所有剩下的物料，包括良品和不良品。点清数量后，放入原先的包装袋中，用标贴纸加以注明，然后拿到暂时存放区摆放。若不良品不能及时清退，良品和不良品要分开包装，给不良品多加一道标志
3	遵守"先来先用、状态良好、数量精确"三原则	（1）暂时存放的物料要用原包装封存，若原包装破损，可用保鲜薄膜或自封胶袋处理，以防潮、防虫、防尘 （2）下次生产需要时，要优先使用暂时存放区的物料 （3）封存后的物料要定时巡查，以防不测

（三）做好物料退库管理

1.物料退库的要求

在车间生产中发现的不合格物料、包装材料可退回仓库。每批产品生产结束后，在换批或换品种前，可将剩余的物料、包装材料办理退库。所退物料须包装严密，用供应商送货的原外包装原样包装好后，标明品名、规格、批号、数量、退库原因等。

经质检员检查签字后，方可办理退库。

2.物料退库的程序

由车间核算员用红笔填写"物料退库单"，经车间主任、质检员审核签字后，随同物料交仓管员，如表7-8所示。

仓管员接到车间用红笔填写的"物料退库单"后，应检查物料状态及包装情况并做好记录。

表7-8　物料退库单

编号：　　　　　　　　　　　　　　　　　　　　日期：＿＿＿年＿月＿日

退料部门		部门编号	
料号		退料理由	
名称		□物料质量有问题	
规格		□领料过剩 □其他	
数量		单位	
单价		总价	
备注			

核准人：　　　　　　　　　质检员：　　　　　　　　　填单人：

三、直接人工成本降低

直接人工成本是班组成本中的一个重要部分，对于一些手工作业的企业来说，这部分成本的比重还比较大，所以，降低直接人工成本非常重要，具体可从以下几个方面来进行。

（一）避免停线

要避免停线，则要做到：

（1）不合格品在线下返工；

（2）班组长可以随时顶岗；

（3）日常做好设备保养检查工作；

（4）开线前班组要进行人、机、料、法、环等各方面的检查。

（二）人员合理分工

（1）均衡生产，对瓶颈工位要实施改善。瓶颈工位是指在整个生产流水线中或各生产工序中进度最慢的工位。它又分为先后瓶颈工位。存在先后顺序的瓶颈工位，将会严重影响后工位的生产进度。

如果瓶颈工位与其他工位在产品生产过程中的地位是平行的，那么，瓶颈问题将会影响产品配套。针对瓶颈工位，其解决步骤如图7-5所示。

图7-5　针对瓶颈工位的解决步骤

（2）灵活运用多能工。班组长要了解企业的多能工培训计划，有计划地推荐本班组成员参加多能工培训活动，尽量使班组成员中的每一个人至少都掌握两项技能。

班组长可以建立"多能工岗位表"（表7-9），以便于掌握本班组多能工的情况，方便在缺人的时候灵活安排。定期并有意识地调换多能工的岗位，以确保他们各项技能作业的熟练度。尽可能扩大多能范围，让更多的人成为多面手。

表7-9　多能工岗位表

序号	姓名	磁场介入	充磁吸尘	入铜胶介子	电枢芯组入	大小壳组入	捺印（批号）	电检	外观检查
1	杨××	☆	◇	●	◇	◇	※	●	☆
2	赵××	●	●	◇	☆	●	●	※	●
3	李××	☆	☆	☆	●	※	☆	☆	※
4	林××	●	●	◇	※	●	※	☆	◇
5	王××	※	☆	☆	◇	☆	☆	※	●

序号	姓名	磁场介入	充磁吸尘	入铜胶介子	电枢芯组入	大小壳组入	捺印（批号）	电检	外观检查
6	万××	☆	※	●	※	◇	※	◇	◇
7	陈××	※	◇	◇	●	☆	●	●	※
8	汪××	☆	※	☆	☆	●	◇	※	●
9	刘××	●	☆	※	●	☆	●	◇	☆
10	文××	●	●	☆	☆	●	☆	●	※

注：☆表示技能优越，可以指导他人；●表示技能良好，可以独立作业；※表示具有此项作业技能，但不是很熟练；◇表示欠缺此项技能。

必要时班组长要区别他们的特长和强项，并注意有效利用。在平时工作中多注意观察、挖掘和培养。要确保多能工的岗位津贴保持在合理的平衡点。为此，班组长要了解本工厂的多能工薪资管理制度。

（三）尽量不要安排加班

加班需要付加班费，尤其是在国家法定假日加班，加班时间长，加班费就成了成本增加的一个重要部分。所以，班组长在申请加班时一定要谨慎，要严格按照公司的规定来申请加班。

四、降低工具损耗

（一）工具的使用形式

工具的使用形式有两种，一种是借用，另一种是领用。

1. 借用

不常用的工具采用借用形式，在库房填写工具借用卡（表7-10），将工具借走。应注意的是，工具必须在规定的时间内归还，以方便其他人借用。工具归还时，归还人必须填写归还日期及归还人姓名，填写时应逐行进行，不允许两行只签一个名字。

表7-10　工具借用卡

项次	工具名称	规格	借用数量	借用日期	预定归还日期	借用者签名	实际归还	经办者签名

2.领用

常用工具采用领用形式，填写个人或班组工具领用卡（表7-11）。工具领用卡一式两份，自留一份，库房一份。员工离岗或调岗时必须办理相关的工具交接手续。个人工具应妥善保管，发生工具丢失时，个人须根据相关的规定进行赔偿。

表7-11　工具领用卡

编号：

编号	工具名称	规格	单位	数量	领用单位	领用人	领用时间	归还时间	签收人

（二）工具的浪费控制与改善

工具的浪费控制与改善，具体如表7-12所示。

表7-12　工具的浪费控制与改善

序号	措施类别	具体说明
1	领用控制	贵重工具按定额并遵循以旧换新的原则领用，耗用性工具（如砂纸类）可结合实际情况确定领用控制方式
2	日常管理	做好班组工具的定期维护、保养、整理整顿工作，损坏的工具及时报修，做好每日工具的交接，避免工具丢失
3	修旧利废	将损坏的工具利用备件来修理，达到修旧利废的目的
4	工具报废要严格控制	工具损坏后如要报废，要严格按照公司规定的流程来进行，如某公司规定其工具报废流程为，经工艺人员判定工具为正常损坏的，须办理以下手续 （1）借用工具：填制领料单将工具领回→填写工具报损单→工具卡上销账 （2）领用工具：填写工具报损单→工具卡上销账

五、辅助材料成本降低

辅助材料又称为"副料"或者"副资材"，是指在生产中不构成产品的主要实体，却又必不可少的辅助性消耗物料，如油脂、胶水、封箱胶纸等。零部件量的多少大家很清楚，但是辅助物料有哪些，用量多少却没有几个人清楚。其实也别小看辅助材料，一旦短缺或者变质，造成的损失也难以弥补。

班组长作为现场最直接的管理人员，该怎样管理辅助材料呢？

（一）使用量控制

要想管理好这类材料，首先一定要清楚使用量。哪些产品需要用它，台用量多少，月用量多少，这些一定要清楚地反映在台账中，厉行节约。

（二）简化领用手续

严格管理辅助材料，防止浪费的同时要确保方便生产现场的工作。如领一副手套要填申请单，然后分别由组长、主管、部门经理和仓库管理人员签字，才可以领到，这个过程既耽误了生产，又付出了远远不止十副手套的管理成本，得不偿失。不妨采用"柜台"或者"送货上门"的方式，做到"管理"与"方便"兼顾。

（三）厉行节约

即使是副资材，使用时也不能毫无节制。可以根据用量定额发放或者采用以旧换新、修旧利废的方法，防止浪费;对于一些容易污染环境的物品（如电池、氰化物容器），还要做好回收工作。

1. 以旧换新

以旧换新是指为杜绝浪费、控制生产成本，要特别加强消耗品的使用管理，提高消耗品的有效使用效率，要求现场工作人员在领用一些消耗类、劳保类、文具类、维修类物品时，必须把旧的交回才可以领到新的。

为使以旧换新能更好地执行，最好制定以旧换新制度，确定以旧换新的物品范围、责任人员、标准、工作流程及不执行的处罚规定。同时，可以将以旧换新品项明细用看板的形式公示出来。

【精益范本】 ▶▶

辅料以旧换新方法说明

名称：　　　　　型号：　　　　　数量：　　　　　日期：

项目	更换方法	备注
胶水类	（1）用完后，保留原罐，以旧换新 （2）用小容器细分，按实际用量，发够一天所需量	
油脂类	（1）用完后，保留原罐，以旧换新 （2）辅料小车定时推过，不足时，及时添加	
烙铁头	以坏换新	
手套	每次发给两副，以旧换新	约每周一副
电池	QC检查人员每人2对，其他人1对，用尽后在底部打"×"，以旧换新	每对约使用17小时
说明	（1）以上辅料如要增加使用量时，也要重新申请 （2）严禁人为破坏，造成以旧换新的局面 （3）更换时无须签字或盖章，由辅料管理人员记录消耗数量 （4）本部门主管定时巡查，如有发现多余，一律上交	

2.修旧利废

修旧利废就是将回撤或更换的设备、材料直接或经修理后再投入使用，充分发挥了物资价值，减少资源浪费。

修旧利废活动是加强企业管理、减少浪费、降低成本费用的有效途径。企业要鼓励各车间自主创新，修旧利废，小改小革，并做好记录。同时，为使这项工作有持续性，企业通常会制定相应的实施细则，确定修旧利废管理标准的职责、内容、要求、奖励及考核标准，作为班组长一定要对细则的内容详加了解并严格执行。

六、动能浪费的控制与改善

（一）动能的管理方法

（1）班组制定各水、电、气的电源的责任人，在没有人工作时必须关闭电源。

（2）对未按班组能源管理要求执行的员工要及时给予指正和评估。

（二）动能浪费的控制与改善

1.节约用水用电

停产、休息、就餐时间，及时关闭各类能源设备（工艺规定不能关闭的除外）。将电源开关标上记号，避免开错开关乱用电。空调设定合适的温度指标和时段。贴出节约用水、电的提示。有关节约用电的管理标识如图7-6～图7-9所示。

2.日常管理

能源管理责任到人，并安排班组成本员经常性地进行检查。

3.异常问题反馈

损坏的能源设备（如照明、气管）等及时报修，减少不必要损失。

4.工艺优化

通过工艺优化如改变能源参数、优化设备开关机时间等能大幅度降低能源消耗。

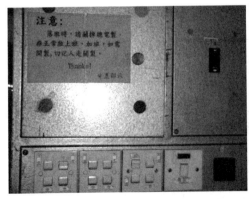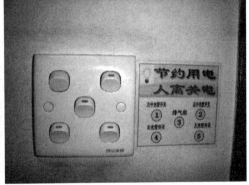

图7-6　下班关电的提醒标识

 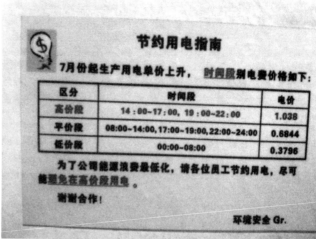

图 7-7 节约用电的提示

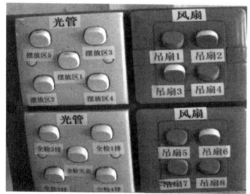 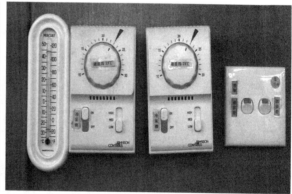

图 7-8 电源开关都有各自标签 　　　　　图 7-9 空调用颜色管理温度

第三节 成本控制注意事项

一、做好班组生产作业统计

做好班组成本管理，首先要做好班组生产作业统计工作。班组生产作业统计是指班组在实施生产作业计划的过程中，对生产过程各阶段中的原材料投入、在制品流转、产品生产以及作业完工情况等生产活动的动态数据所进行的收集、整理、汇总和分析，它是企业生产统计的一部分，具体如图 7-10 所示。

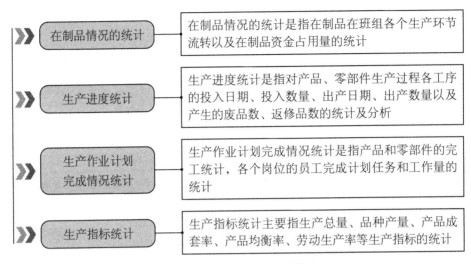

图 7-10 班组生产作业统计的内容

二、妥善管理呆滞料

呆滞料是指长期未使用的物料，呆滞料管理不好，成本自然增加，所以必须妥善加以管理。呆滞料的管理要求如图 7-11 所示。

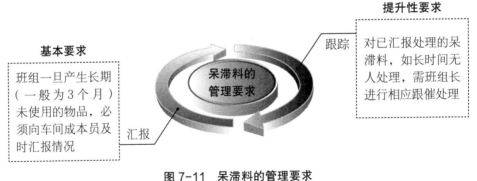

图 7-11 呆滞料的管理要求

三、尽量减少边角余料

边角余料是某种产品生产加工过程中所产生的，不能为该产品所使用的较小的剩余物料。这些物料或者可以用在其他产品生产上，或者毫无用途。作为班组长，不能将希望放在以后的回收利用上，而应该将工作重点放在如何使边角余料减到最少。

班组长应该对边角余料进行严格检查，对于数量过多、规格过大的边角余料应立即查明原因，并进行解决。边角余料过多的原因有两种，如图 7-12 所示。

人为因素

作业方法不正确、对作业方法不了解、员工责任心不强

造成边角余料过多的原因

技术水平的局限、大的边角余料可以再利用、产品质量要求高、物料品质差、物料规格不合适、设备问题

图 7-12　造成边角余料过多的原因

讲师提醒

作为班组长，对这些原因应有所了解，能自己解决的尽量自己解决，不能自己解决的要尽快反映上去，向其他部门寻求解决办法。

四、物料挪用及替代

物料挪用是指将生产某产品的物料，或者说是该产品的计划物料，用于其他产品的生产。"挪用"中使用的物料是相同的物料，当用不同的物料代替原有物料时，则叫作"替代"。

五、物料台面管理

对于物料台面摆放，首先应查看一下生产现场是否有以下现象（图 7-13）。

现象一	大多数工序的作业台只利用了平面空间，未利用立体空间
现象二	物料几乎堆满了整个作业台
现象三	装载托盒不合理，要么"大材小用"，要么"小材大用"
现象四	多人挤用一张作业台，作业人员利用身前身后的空间，到处存放物料
现象五	作业人员自己制作了各种装载托盒，放在作业台上
现象六	地面上不时可以看到从台面跌落的各种小零件
现象七	良品与不良品全都放在台面上，除了作业人员自己之外，其他人不知道是好是坏

图 7-13　物料台面摆放现象

对于以上这些现象，许多班组长都习以为常，认为作业台如果不是用来放东西的，还能用来干什么呢？

其实，作业台可以说是生产线的"主战场"，是现场中的现场。真正意义上的生产活动都是在这里进行的，产品的品质、成本、交货期都要在这里通过作业人员的手，一步步变为现实。所以对作业台物料的摆放一定要加以管理，具体应达到以下要求。

（一）外包装物品不能直接上作业台

作业台本身就不大，只适合放一些物料、夹具、小型设备。若把物料连同外包装物品，如纸箱、木箱、发泡盒、吸塑箱等，一起放在台面上，不仅占地大，而且极容易产生各种粉尘。

（二）托盒、支架要合适

托盒、支架要符合如图7-14所示的几点要求。

要求一	选定合适的托盒、支架，将物料摆放在托盒或支架上，大件物料用大的，小件物料用小的
要求二	托盒、托台力求稳定化。托盒彼此之间相互串联，可有效增加取拿时的稳定性，也能节省台面空间
要求三	托盒、托台目视化。可在标贴纸上写清物料的品名、编号，然后贴在托盒、托台上，便于其他人确认
要求四	充分利用斜托板摆放物料托盒

图7-14 托盒、支架的要求

讲师提醒

斜托板的使用是梯形摆放的进一步延伸，尤其是细小的又要单个摆放的零部件，使用斜托板摆放后，可大大提高取拿效率。

（三）控制好物料投放

分时段等量投入物料，不要一次全部投入当日所需全部物料，使得台面物料过多，无处摆放。

（四）物料摆放好

物料的摆放要注意如图7-15所示的三点内容。

两种大小不同的物料一起摆放时，小件的物料靠手跟前摆放，大件的物料放在外侧；取拿次数多的靠手跟前摆放，取拿次数少的，放在外侧

相似的物料不要摆放在一起。尤其是外观上较难区分的物料一起摆放的话，极易用错，尽可能在工序编排时就错开

物料呈扇形摆放，可营造阶梯空间。扇形摆放，符合人体手臂最佳移动的范围，来回取拿时，不易产生疲劳

图7-15 物料的摆放注意内容

（五）及时清理台面

及时清理暂时摆放在台面上的不良物料，不让不良物料在作业台面上过夜。

（六）即时清理堆积

堆积不仅使台面混乱，也是造成作业不良的主要原因之一。当堆积达到一定数量之后，要随时调整。

六、妥善保管上线物料

企业生产过程中所需的各种物料，一般都是按生产计划领用。由于生产线上没有物料库房，物料领回后，有的一时不能用完，但又无正规摆放场所，很容易造成物料腐烂变质、丢失损坏。为此，必须切实做好物料的临时收藏和保管工作。上线物料的保管需要注意如图7-16所示的几点内容。

内容一	按生产进度及时供料，对项目工程按"单项、工程配料卡片"配拨。生产完成后，做到供料、退料手续齐全，账目清楚
内容二	对班组加工剩余物料应及时清理退库，或办理假退料手续，不得形成账外料
内容三	仓管员工作要做到日清、月结、季盘存，账、卡、物、资金四对口，按规定准确上报各种物料统计报表
内容四	严格工具管理，建立班组、个人工具卡片，按工具配备标准，执行交旧领新制度，对丢失或责任性损坏按规定赔偿，对公用工具按借用制度执行，在用工具每季与财务部门核对相符
内容五	劳保用品管理，必须建卡立账，按规定标准范围发放
内容六	组织回收废旧料，落实生产线修旧利废计划，按月公布班组修旧利废节约成果。对不能修复利用的废旧料要及时上交

图7-16

| 内容七 | 管好基础资料。各种原始记录、账本、单据、定额和计划统计资料，要做到图表齐全、准确，手续完备，装订规范化，保管完好 |
| 内容八 | 定期组织物料盘点 |

图 7-16　上线物料的保管

七、封存不用的材料的管理

不用的材料是指由于生产要素的制约或突变，本次生产活动结束后，仍无法全部使用完毕的材料。呆料、旧料都可认为是不用的材料。

（一）设置暂时存放区

对同一生产线（机台）来说，如果几个机种在很短时间内需要来回切换，剩余的材料不停地在仓库与生产现场之间进进出出，搬运成本反而会居高不下。这时不妨在现场规划出一块地方，做上明显标识，将所有暂时不用的材料，封存好后移到该处。暂时存放区的要求如图 7-17 所示。

1	只有小日程计划使用的材料才可以在暂时存放区摆放
2	虽然小日程计划里要使用，但是数量多、体积庞大，或者是保管条件复杂的材料，还应该退回材料仓库进行管理
3	不管是现场保管还是退回仓库，都必须保证其品质不会有任何劣化
4	中日程或是大日程计划里才使用的材料应该退回仓库进行管理

图 7-17　暂时存放区的要求

（二）机种切换前材料全部"清场"

从第一个生产工序开始，回收所有剩下的材料，包括良品和不良品。点清数量后，放入原先的包装袋（盒）中，用标贴纸加以注明，然后拿到"暂时存放区"摆放。若不良品不能及时清退时，良品与不良品要分开包装，不良品还得多加一道标识。材料"清场"的注意事项如图 7-18 所示。

（三）其他要求

需要暂时存放的材料同样要遵守"先来先用、状态良好、数量精确"三原则，具体如图 7-19 所示。

事项一 ▷ 要特别留意修理工序上的备用剩余材料，如不仔细追问，修理人员不会主动"上缴"这些材料

事项二 ▷ 是否有短暂外借给其他部门的材料？如有，要设法尽快追回或约定返还日期

事项三 ▷ 有无跌落在地面上的小材料？或是停留在设备夹缝里的材料

事项四 ▷ 在旧材料"清场"的同时，不要派发新材料，除非相关作业人员已经十分熟练

事项五 ▷ 如有残留在机器内部的材料，必须彻底清出

图 7-18　材料"清场"的注意事项

1 用原装包装盒（袋、箱）再封存起来。如果原装包装盒（袋、箱）破损，可以用保鲜薄膜或自封胶袋处理。总之，要采取防潮、防虫、防尘等措施

2 要留意有无保质期限要求的材料，若有，则要考虑有无暂存的必要

3 如有可能，机种切换后，前一机种的不良品要立即清退给前工序

4 暂时存放的各种标识要确保显眼

5 下次生产需要时，要优先使用"暂时存放区"里的材料

6 封存后的材料也要定时巡查一下，以防不测

图 7-19　其他要求

八、处理好产品扫尾时的物料

（一）转换生产机种的物料处理

因转换生产机种而撤除的物料处理主要由生产部负责，但必要时要求物料部配合，具体方法如图 7-20 所示。

1	生产部负责实施物料的撤除和清点等工作
2	对于剩余在生产线的量比较多的物料，生产部可以申请入库管理
3	物料部把申请入库的物料放置在机动区，待下次生产时优先发出
4	申请入库的物料一般不实施入账管理
5	对于产生的不良品同样实施入库，按不良品管理

图 7-20　转换生产机种的物料处理

（二）完成订单批量的物料处理

生产中每完成一个订单的批量时，需要进行物料的扫尾工作，这个工作由物料部和生产部合作进行，具体方法如图 7-21 所示。

01	生产部负责实施该批量全部物料的撤除和清点等工作
02	所有剩余在生产线的物料要列成清单，按剩余物料申请入库管理
03	物料部对申请入库的物料通知 IQC 检验
04	检验合格的物料实施入库管理，不合格物料按不良品处理
05	物料部统计该批量生产物料的损耗情况，并制定报告书
06	这类入库的物料要实施入账管理
07	对于完制的不良品同样实施入库，按不良品管理

图 7-21　完成订单批量的物料处理

（三）产品生产结束的扫尾方法

产品生产结束的扫尾是指对已没有生产计划或订单，并且在今后比较长的时间内不会再生产的产品实施彻底扫尾，具体方法如图 7-22 所示。

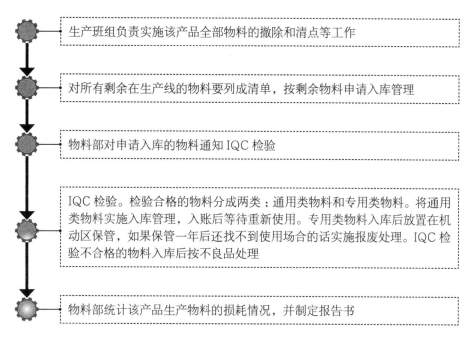

生产班组负责实施该产品全部物料的撤除和清点等工作

对所有剩余在生产线的物料要列成清单，按剩余物料申请入库管理

物料部对申请入库的物料通知 IQC 检验

IQC 检验。检验合格的物料分成两类：通用类物料和专用类物料。将通用类物料实施入库管理，入账后等待重新使用。专用类物料入库后放置在机动区保管，如果保管一年后还找不到使用场合的话实施报废处理。IQC 检验不合格的物料入库后按不良品处理

物料部统计该产品生产物料的损耗情况，并制定报告书

图 7-22　产品生产结束的扫尾方法

九、处理好生产中的剩余物料

（一）生产中的剩余物料产生的原因

生产中的剩余物料是指因工作失误、改进工艺、发生设计更改和计划改变等情况而导致的在预定的计划期内无法再使用的物料。这些物料是现实存在的，但是已经不再使用，所以，它们是纯多余的。从降低库存成本的角度出发，要尽快处理掉它们。

讲师提醒

　　生产中的剩余物料既有因非正常因素产生的，也有因正常因素产生的。因此，产生剩余物料是不可避免的。

（二）剩余物料的处理方法

剩余物料也是花钱买来的，因此，班组长首先要想方设法利用它们，并且尽可能提高利用价值。剩余物料的处理方法主要有两种，如图 7-23 所示。

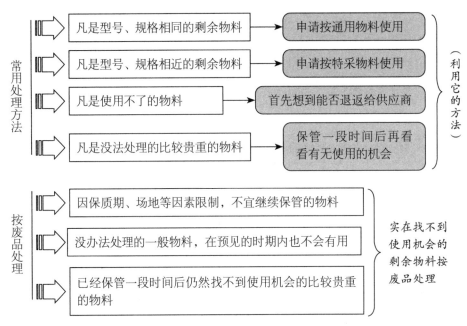

图 7-23　剩余物料的处理方法

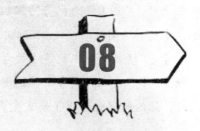

第八章
精益班组的
绩效管理

情景导入

杨老师："两天的时间过去了，不知道大家在前两天的培训中有没有收获？"

小刘："昨晚在吃饭的时候，我们还在聊呢，觉得此次培训可谓是不虚此行呀！"

杨老师："是吗？希望这不是恭维我，因为我是真心希望大家有一点点收获，那样也不会让我觉得浪费了各位宝贵的时间。"

小李："没有，杨老师。我们是真的收获挺大的，学到了好多知识。以前总觉得自己已经是公司里非常优秀的班组长了，到了这里才发现，惭愧呀！"

杨老师："我想问大家一个问题，你们所在公司有没有实行绩效管理，如果有实行的，那么你对于绩效管理又有何认识。"

小刘："说到绩效管理，我们公司是从今年开始的，开始实行时，人力资源部还对全体员工进行了培训。不过，我对于绩效管理还是知之甚少。"

杨老师："要想成为优秀的班组长，你一定要了解绩效管理，因为只有高绩效的班组，才能创造高效的业绩。因此，今天我将为各位介绍绩效管理的相关知识。"

小李："绩效管理不就是绩效考核吗？我们公司早就推行绩效考核了。"

杨老师："看来，我今天的这堂课还是很有必要的。小李，你一定要好好听，听完之后，你的疑问就解决了。我先卖个关子吧！"

第一节　班组绩效管理基础

绩效管理是公司管理者与员工之间就如何实现目标达成共识的过程，是帮助员工发现问题、进行改善、取得优异业绩的管理方法。对公司而言，绩效管理是增强有效沟通、提高管理效率、达成经营目标所采取的系统有效的管理手段。对员工而言，绩效管理是检验自我能力、实现与上级沟通、改善与提高自我业绩、实现自我成长与发展的重要途径。

一、确定班组绩效管理的原则

一般而言，班组绩效管理应遵循如图 8-1 所示的原则。

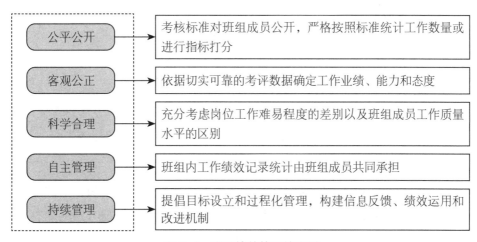

图 8-1　班组绩效管理的原则

二、班组绩效过程化管理

为保证绩效管理的高效运转，班组绩效管理实行绩效合约、绩效辅导、绩效考核、绩效反馈和结果运用的全过程循环管理，如图 8-2 所示。

图 8-2　绩效管理系统

（一）绩效合约

绩效计划采取绩效合约的模式，依据相应考核周期下达的班组工作任务计划、具体的岗位工作分析和岗位人员配备情况，广泛征求班组员工意见，形成班组绩效合约和岗位绩效合约。绩效合约包含考核项目（工作业绩、能力、态度和例外事项）、考核内容、考评标准、考核岗位、考核数据来源等内容，其他工作、工作会议记录，及其他涉及工作安排的相关记录性文档作为班组绩效合约的有效补充内容。

（二）绩效辅导

绩效辅导以有效沟通为基础，班组长在现场工作中寻找契机并结合班组员工工作状况给予随机的、非正式沟通的辅导，通过不断的辅导使员工从一开始就把工作做正确，省去大量事后解决问题的时间；同时还应采取班前班后会等形式与班组员工进行面对面的正式沟通，总结上一阶段工作的成绩和问题，并取得共识，探讨原因，协商解决办法，并明确下一阶段行动方案。

（三）绩效考核

绩效考核是绩效管理的关键环节，其成功与否直接影响到整个绩效管理过程的有效性。班组员工绩效考核以月度为考核周期，采取绩效合约考核的方式，按工作业绩、工作能力、工作态度以及例外工作等项目，对照加、扣分标准进行考核评价。班组工作计划、工作总结、工作日志、工作台账记录、关键事件描述、上级通报等作为考核评分依据，考核操作程序化，按考核得分在所在层级员工范围内进行排名确定绩效等级。

（四）绩效反馈

绩效考核结束后，班组长应及时将绩效考核结果反馈给班组成员，对被考核人的绩效情况进行详细介绍，指出被考核人的优缺点并提出改进建议，被考核人如有异议，可在一定时期内向单位绩效管理监督小组提出申诉，申诉裁定的结果为最终结果。

（五）结果运用

对绩效考核结果的运用体现在绩效激励上，如何根据员工的绩效考核结果确定合理的物质和精神激励，是保证绩效考核激励作用的主要手段和核心问题。企业应以绩效为导向，建立绩效考核结果在薪酬分配、人事决策、培训开发等多方面综合应用的有效机制，激励班组员工最充分地发挥其技术和才能，充分挖掘其内在潜力，促进企业与员工共同发展，保障绩效管理的有效性。关于绩效管理的公布栏和看板如图8-3～图8-5所示。

三、确定班组绩效指标和目标

（一）绩效指标的构成

公司绩效考核指标由关键业绩指标（key performance indicator，KPI）、关键行为指

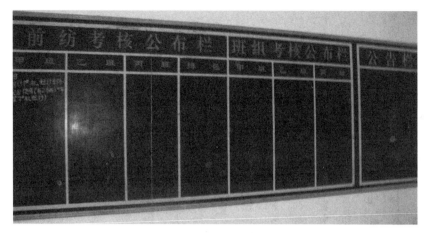

图 8-3　某企业车间班组考核公布栏

图 8-4　车间生产线绩效管理看板

一车间技师、员工计件统计

待机时间	图纸加工速度 PCS/分	实际生产数量 PCS	技师姓名	技师记件单价	技师记件金额 RMB	技师补助金额 RMB	技师记机补助
4.5	1.5	1500		0.0100	15.0	1.8	
	1.5			0.0100	0.0	0.0	
7	3	920		0.0050	4.6	2.8	
	1.5	1280		0.0100	12.8	0.0	
	1.5	430		0.0100	4.3	0.0	
	2.5	1530		0.0060	9.2	0.0	
7	5	860		0.0030	2.6	2.8	
4	8	3500		0.0019	6.5	1.6	
	3	2250		0.0050	11.2	0.0	
	5			0.0030	0.0	0.0	

图 8-5　计件统计看板

标（key behavior index，KBI）和工作改善指标（goal setting，GS）构成。

1.关键业绩指标（KPI）

关键业绩指标（KPI）指由企业战略目标经过层层分解下达的指标，通常是可以量化的。它反映员工的主要工作结果和工作方向，同时也反映最能有效影响企业价值创造的关键驱动因素。关键业绩指标能够体现公司的重点经营目标、岗位的核心业绩以及管理的"20/80"原则。

2.关键行为指标（KBI）

关键行为指标（KBI）是衡量员工对待工作的态度、思想意识和工作作风的指标。关键行为指标能够体现公司关注的共同行为准则、公司倡导的职业道德标准以及公司要求的制度规范等。

3.工作改善指标（GS）

工作改善指标（GS）由《职位说明书》所规定的主要职责、为实现业绩目标所必需的非定量重点工作、员工职业发展等方面确定。工作改善指标能够体现部门或岗位的改善过程，由上级和员工沟通，灵活确定指标，协商确定评价标准。

（二）班组绩效指标的设定

班组长没有成功地实行绩效管理，可能是由于没有设定班组员工的绩效指标。一般而言，班组员工的绩效指标，主要来自上级和员工的信息，具体如图8-6所示。

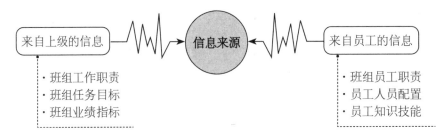

图 8-6　班组员工绩效指标信息来源

某企业班组常见绩效指标见表8-1。

表 8-1　某企业班组常见绩效指标

分类	序号	项目	计算公式
效率	1	生产率	产出数量 / 总投入工时
	2	包装数 / 小时	包装总数 / 总投入工时
	3	入库数量 / 日	实数值
	4	出库数量 / 日	实数值
	5	检查点数 / 日	实数值
	6	装车数 / 日	实数值
	7	卸车数 / 日	实数值
	8	总标准时间	各工序标准时间之和
	9	流水线节拍	品种不变
品质	1	产品不合格率	产品内不合格数 / 总数
	2	一次合格品率	一次合格品数 / 总数
	3	批量合格率	合格批数 / 总批数
	4	进料批量合格率	进料合格批数 / 总批数
	5	客户投诉件数	实数值
	6	不良个数率	返品个数 / 来料个数
	7	内部投诉件数	实数值
	8	内部投诉数量	实数值
交期	1	延迟交货天数	实数值
	2	成品滞留天数	成品平均在库金额 / 月平均销售金额

分类	序号	项目	计算公式
交期	3	按期交货率	按期交货批数 / 应交货批数
	4	总出货量	实数值
	5	出货量	实数值
	6	生产计划完成率	按计划完成批数 / 总批数
设备	1	时间稼动率	（负荷时间 - 停止时间）/ 负荷时间
	2	运行利用率	有效运行时间 / 运行时间
	3	故障件数	实数值
	4	平均故障间隔时间	运行时间合计 / 停止次数
	5	平均故障时间	故障停止合计时间 / 停止次数
	6	故障性	实数值

（三）制定绩效目标

制定绩效目标的目的是通过对本班组工作特点的分析，将部门绩效管理目标分解到班组层次上，以该目标来激励员工的自我管理意识，激发员工行动的自觉性，发挥其智慧和创造力,提高个人业绩,最终实现部门和企业绩效目标。制定绩效目标要遵循如图8-7所示原则。

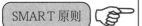
SMART 原则 → 目标是具体的（specific），即明确做什么，达到什么结果；目标是可衡量的(measurable)，绩效目标最好能用数据或事实来表示，如果太抽象，没有量的标准，就无法对目标进行控制；目标是可达到的（attainable），通过班组员工的努力，绩效目标是可以达到的;班组的目标是与企业的总体目标高度相关的（relevant），班组目标是对上一级目标的逐级分解；目标是以时间为基础的（time-based），目标完成要有一定的期限要求

充分沟通原则 → 班组绩效目标的实现要靠班组每一个员工，因此在目标制定的过程中，要全员参与，对目标设定的标准以及目标实现的方法、奖惩措施等进行充分的沟通

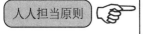
人人担当原则 → 将班组目标细化，明确每个岗位、每个员工应该承担的责任，应该做哪些改进和提升

透明化原则 → 目标执行容易，实现难，因为要实现目标必定要克服各种困难和障碍，人们容易懈怠或者放弃，甚至遗忘，所以，要将班组的目标以及个人的目标透明化，即张贴在相应看板上，形成时时提醒、时时监督的机制

图 8-7 制定绩效目标要遵循的原则

第二节　绩效管理最优方法

一、业绩报告绩效考核技术

考核管理中，通常采用的方法有两种：一是直接对成型工作进行评价，直接评价的优点是客观性强，但是无法反映出工作负荷与客观过程；二是间接对非成型工作进行评价，间接评价的优点是可以反映出工作过程的难易度，但是缺乏有力证据，业绩报告绩效考核是这两种考核方法最集中的体现。

以业绩报告为考核依据的考核有员工自我报告法与业绩评定法两种（图8-8）。

员工自我报告法

自我报告法要求被考核者填写一张自我鉴定表，对照岗位要求，回顾一定时间内的工作过程与业绩，并对不足的地方提出检讨，修改

业绩评定法

业绩评定法是目前运用得较多的考核方法，根据限定的因素来对员工进行考评，并用一个等级表对业绩进行判断记录，这个等级常常被分为优秀、好、良、合格、差等若干层次，从而对多种工作内容进行考评，得出综合评价

图8-8　考核方法

二、员工比较绩效考核技术

员工比较绩效考核技术的重点在于员工业绩排序，将员工的业绩转换成一个量化标准，根据量化标准来进行排序，按照优劣顺序排列，排在前面的表示为优秀，排在后面的表示不合格，其流程如图8-9所示。

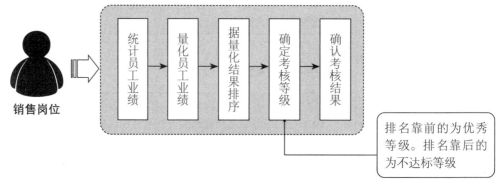

销售岗位

统计员工业绩 → 量化员工业绩 → 据量化结果排序 → 确定考核等级 → 确认考核结果

排名靠前的为优秀等级。排名靠后的为不达标等级

图8-9　员工比较绩效考核技术流程

员工比较绩效考核技术比较简单，难点在于量化员工业绩的过程。如果是销售岗位，可以根据销售额来量化，但是对于人事行政等岗位很难用数据来量化，另外排序考核的前提是同岗位的员工必须是一个群体，而不是单独一个人在一个岗位，否则就找不到相比较的对象了。

三、员工行为绩效考核技术

员工行为绩效考核技术是将员工的工作过程行为作为考核依据，把表现出来的行为转化成量化的分数，通过分数累积来确认员工的工作能力，本方法的重点是量化员工的过程行为，其流程如图 8-10 所示。

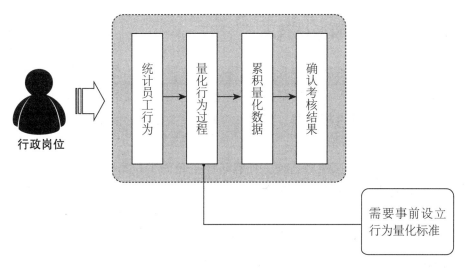

图 8-10　员工行为绩效考核技术流程

一般来说，量化行为过程是非常困难的，大多依靠主管的主观看法来判断，因此不具有客观性。

四、绩效目标绩效考核技术

绩效目标绩效考核技术是将员工的工作业绩与企业目标期望值的差距作为考核依据，如超额完成期望值给予最高评价，当与目标期望值差距较大的时候，该位员工会有被辞退的可能。绩效目标考核技术的重点在于目标值的设立，由于岗位不同、员工个人素质能力也不同，不可能给每一位员工设立相同的目标期望值，其运用流程如图 8-11 所示。

绩效目标绩效考核技术应该针对不同的岗位设计不同的绩效标准，有的岗位可能无法设立目标期望值，则不能使用该方法。如果用于产品制造的操作工，可以每月设定完成量，然后根据完成量来进行考核，前提是产品单一才可以运用。

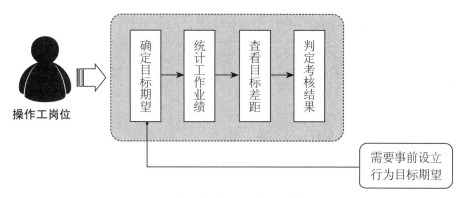

图 8-11　绩效目标绩效考核技术流程

五、关键事件绩效考核技术

关键事件法是利用一线管理者或者员工收集起来的特别事件进行考核。通常，几个员工和一线管理者汇集了一系列与特别好或差的员工表现有关的实际工作经验，而平常一般性工作表现并不列为考核范围，关键事件重点在关键事件的记录。关键事件绩效考核的运作流程如图 8-12 所示。

关键事件尽管运用起来比较方便，但有时候主管为了积累事件以便选取关键事件，从而导致许多员工过失被统计，可能引发员工的不安。

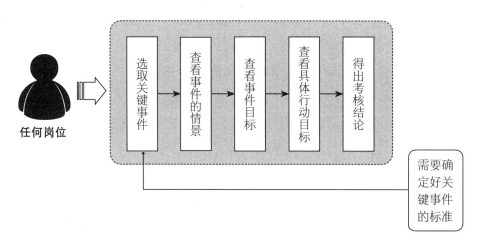

图 8-12　关键事件绩效考核的运作流程

第三节 绩效管理注意事项

一、明确班组长绩效管理职责

有的班组长整天忙忙碌碌却业绩低下，有的班组长四处抱怨业绩指标太高无法达到，而有的班组长轻松自在就能够达到或超过自己的业绩目标。为何会出现这样的状况？仔细分析会发现：凡是业绩优异的班组长，都具有相同的特点，即他们善于分析、目标明确；善于沟通、掌握信息，易获得资源；善于总结，能够掌握方法，排除障碍。总之一句话，就是他们清楚了解班组长在绩效管理中的职责和管理方法。

具体而言，班组长在绩效管理中的主要职责，具体如图8-13所示。

图8-13 班组长在绩效管理中的主要职责

二、与员工进行绩效目标沟通

在绩效目标设定阶段，如果班组长只是简单地将设定好的目标发布出去，而没有和员工进行任何交流与沟通的话，再完美的目标也是形同虚设。你会发现，员工对实现目标毫无紧迫感、压力感，积极性低下，目标实现遥遥无期。要知道，在绩效目标设定阶段，重要的不是简单地制定绩效目标，而是绩效目标的沟通和反馈。

（一）绩效目标沟通的目的

良好的绩效目标沟通可以达到以下目的。

（1）通过对绩效目标的交流，员工对班组他人和自身的目标就有了一个全面的了解。在实现目标的过程中就会心中有数，不会发生只埋头干活、不抬头看路的情况。

（2）通过沟通绩效目标，可使员工从被动管理变为主动接受管理，避免了员工与班组长之间的博弈，员工执行起来会更顺畅。

（3）通过目标沟通，鼓舞了员工的士气，调动了员工的积极性。

（4）通过措施和资源的保证，让员工能够感受到班组长的全力支持，他就会对实现目标充满信心。

（5）群策群力，发挥员工的创造力，为实现目标提供好的做法。

（6）通过绩效目标沟通来识别人才，如果员工对目标完成的方法有独到的见解或创意，对实现目标的各项要素了如指掌，这样的人就有可能是未来班组的栋梁之材。

（二）绩效目标沟通的内容

绩效目标沟通主要有以下内容。

（1）让员工清楚地了解绩效目标：企业的整体目标是什么？为了完成这样的整体目标，车间、班组的目标分别应该如何制定？实现目标的意义何在？

（2）目标对员工的期望：为了达到这样的目标，对员工的期望是什么？对员工的工作应当制定什么样的标准？员工应该提升哪些方面的能力？

（3）企业、车间、班组为实现目标能给予哪些支持和帮助？

（4）绩效目标的考核奖惩方法是什么？检查方法和措施是什么？

（5）与员工一同探讨实现目标的举措和方法。

（6）让每个员工根据班组的目标制订个人计划，并向班组全体员工做出承诺。

三、与班组员工签署协议

将班组的任务根据员工的职责以尽可能量化的方式分解到员工，并将员工的贡献与回报、奖励与处罚告知员工，这是取得承诺的一个双向沟通过程。

《绩效协议书》一式三份，其中，上级主管与员工各执一份，人力资源管理部门备案一份，《绩效协议书》每年签订一次。

签订《绩效协议书》是绩效考核的基础，员工无论是在签订《绩效协议书》时，还是在绩效考核的过程中都拥有自己的权利，具体如图8-14所示。

获得上级帮助和支持的权利	提出申诉的权利
按照《绩效协议书》所确定内容，员工随时可对《绩效协议书》、完成工作中遇到的问题、考核结果产生异议等情况，向上级进行咨询、澄清，请上级进行解释和提供帮助	被考核人如对考核结果不清楚或持有异议，应先与直接上级沟通。如沟通无效，可以书面形式向绩效管理委员会办公室申诉

图8-14 员工拥有的权利

班组长在与员工签订《绩效协议书》时，需要考虑以下事项，如图 8-15 所示。

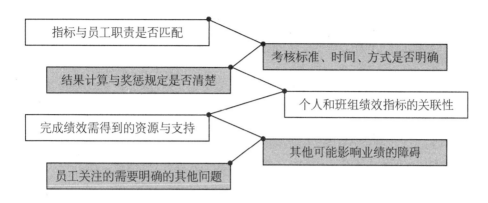

图 8-15　班组长在与员工签订《绩效协议书》应考虑事项

四、对班组成员进行绩效辅导

班组的绩效是"辅导"出来的，而不是"考核"出来的。班组生产任务重，且具有较大灵活性，在对班组的绩效管理过程中，需结合生产情况，采取多种形式进行辅导。

（一）班组绩效的辅导形式

班组长或工作负责人需根据员工的技能水平提供有针对性的辅导，一般而言，辅导形式主要有三种，如图 8-16 所示。

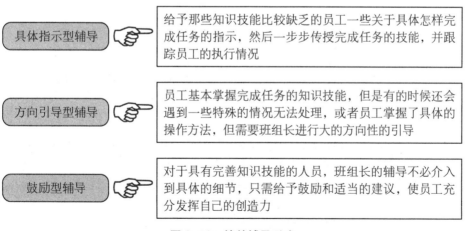

图 8-16　绩效辅导形式

（二）班组绩效的辅导类别

班组绩效的辅导类别主要有三种，如图 8-17 所示。

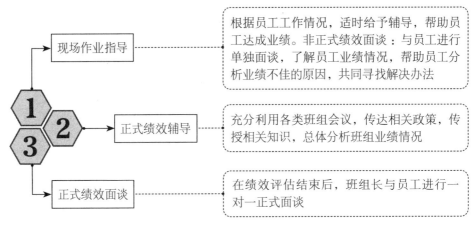

图 8-17　班组绩效的辅导类别

五、帮助员工制订绩效改进计划

班组长与员工应针对未达到绩效目标／要求的项目共同分析原因，并制定改进计划和行动措施。

绩效改进的目的在于使员工改变其行为，关键是要分析影响员工进步的各种因素，从而帮其制订改进计划，其运作流程如表 8-2 所示。

表 8-2　绩效改进运作流程

序号	流程步骤	具体说明
1	确定改进内容	在已决定有改进项目的需要后，第一步就是要找出问题所在：为何绩效未达到可以达到且应达到的水准？选取待改进项目的工作经由班组长和员工合力来完成，选取时应先考虑下列几个因素 （1）班组长的想法是正确的吗？也许员工自己就能改进一项真正产生问题的缺点；也许班组长想改进的项目却早已是员工的优点 （2）员工认为该从何处着手？这一项因素或许可激发员工改进的动机，因为员工通常不会从他根本不想改进的地方着手 （3）哪一方面的改进较有成效？立竿见影的经验总使人较有成就感，也有助于再继续其他方面的改进 （4）以所花的时间、精力和金钱而言，哪一方面的改进最合算？这是一项客观的决策，只需根据事实与逻辑观念考虑即可
2	拟订改进计划	将所有可能改进绩效的方法列于一张表上，并分类为员工能做的、班组长能做的、应改善的环境等，如 （1）参加班组会议 （2）工作轮调 （3）与企业里的专家研讨 （4）研读手册和程序说明 （5）参加技术部门的研修活动 （6）暂时派至其他部门

序号	流程步骤	具体说明
3	制订绩效计划	当准备绩效改进计划时，这些都可能是列入考虑的方法。工作之外的活动，也是绩效改进计划重要的内容。最普遍的是参加活动、读书、积极参与专业组织。一个有效的绩效改进计划应满足下列四点要求 （1）实际。计划内容应与待改进的绩效相关 （2）时间性。计划必须有截止日期 （3）具体。应做之事必须阐述清楚 （4）计划要获得认同。班组长与员工双方都应该接受这个计划并努力实行
4	实施绩效计划	班组长对计划的完成在实施时应注意以下几点 （1）确定员工了解此项计划 （2）若环境变动，计划须改变时应与员工商讨，并将改变部分写在原计划上 （3）到期前定期提醒员工，以使其能依计划进行并避免因遗忘而使计划失败 （4）持续不断地促使计划完成，班组长需经常提醒员工 （5）若计划有部分未按进度达成，应予纠正 （6）员工在遇到妨碍计划完成的事情发生时，应立即向班组长反映。当计划变得不切合实际时，应予以修正。假设有任何事情发生使计划变得不可能或不实际，员工应了解，并提醒班组长
5	延续绩效计划	一个计划只针对一个项目予以改进，这种做法确实能使工作的一部分获得改善。但何时展开第二项绩效改进计划，这应视实际情况而定。一般说来，当一个绩效改进计划全部或部分完成时，第二项改进计划应已订好。当然，如果计划不是很复杂，班组长及员工可以同时执行一个以上的计划

参考文献

[1] 准正锐质生产中心.班组长岗位培训手册——班组长应知应会的10大工作事项和92个工作小项（实战图解版）.北京：人民邮电出版社，2015.

[2] 滕宝红.班组长实战操作手册——从理论到实战.北京：化学工业出版社，2020.

[3] 崔生祥.班组长安全管理手册.北京：人民日报出版社，2018.

[4] 文义明.班组长安全管理工作手册.2版.北京：经济管理出版社，2019.

[5] 胡英，杨仁芳，聂云楚.杰出班组长——班组五种能力提升.北京：企业管理出版社，2023.

[6] 廖为富，李艺锋，秦龙坤.管理匠才：班组长自我训练.北京：中国科学技术出版社，2020.

[7] 杨剑.优秀班组长现场管理培训.北京：中国纺织出版社，2017.

[8] 弗布克培训运营中心.班组长岗位培训手册.北京：化学工业出版社，2023.

[9] 张晓俭，张睿鹏.物料控制实操细节.广州：广东经济出版社，2005.

[10] 李飞龙.如何当好班组长.北京：北京大学出版社，2003.

[11] 上海市总工会，上海市企管协会编写组.班组管理知识.北京：企业管理出版社，1987.

[12] 杨怀恩.中层领导执行力提升训练.北京：中国时代经济出版社，2006.

[13] 李广泰.杰出班组长.深圳：海天出版社，2005.

[14] 祖林.班组管理从基础到技巧.广州：广东经济出版社，2006.

[15] 潘林岭.新现场管理实战.广州：广东经济出版社，2004.

[16] 田均平，石保庆.9S管理简单讲.广州：广东经济出版社，2005.

[17] 郝惠文.生产现场技工必读手册.深圳：海天出版社，2007.

[18] 谢国雄.班组管理与作业控制实操细节.广州：广东经济出版社，2007.

[19] 张晓俭，张睿鹏.现场管理实操细节.广州：广东经济出版社，2005.

[20] 朱少军.现场管理简单讲.广州：广东经济出版社，2005.

[21] 史长银.全面现场改善.深圳：海天出版社，2006.

[22] 郝惠文.生产现场主管必读手册.深圳：海天出版社，2007.

[23] 杨剑等.班组长现场管理精要.北京：中国纺织出版社，2007.

[24] 李广泰.生产部主管跟我学.广州：广东经济出版社，2003.

[25] 徐明达.现场管理十大利器.北京：北京大学出版社，2007.

[26] 邱绍军.现场管理36招.杭州：浙江大学出版社，2006.

[27] 塞艾诺.班组长如何保安全.深圳：海天出版社，2007.

[28] 原崎郁平·西泽和夫.生产现场问题解决110.余幼龙等，译.深圳：海天出版社，2002.